# LÉONARD ROSENTHAL

# Faisons Fortune

PAYOT, PARIS

BIBLIOTHEQUE NATIONALE DE FRANCE

3 7531 02465289 4

# FAISONS · FORTUNE

*A LA MÊME LIBRAIRIE*

———

DU MÊME AUTEUR :

*Au Royaume de la Perle*, 1 vol.............. 7.50

*Au Jardin des Gemmes*, 1 vol.............. 7.50

# LÉONARD ROSENTHAL

# FAISONS FORTUNE

PAYOT, PARIS

106, BOULEVARD St-GERMAIN

1924

Tous droits réservés

Droits de traduction, de reproduction et d'adaptation
réserves pour tous pays.
Copyright 1924 by Payot, Paris

# AU LECTEUR

*J'ai publié l'année dernière et voici deux ans deux volumes. Le premier s'appelait* Au Royaume de la perle, *le second :* Au Jardin des Gemmes.

*J'attribue leur succès à leur valeur documentaire, car, sans être un écrivain professionnel, j'ai pu parler des perles et des pierres précieuses de couleur en spécialiste qui traite avec soin des choses de son métier. Ce fut tout mon mérite.*

*Le nouveau livre que j'offre aujourd'hui à l'indulgence du lecteur s'appelle* Faisons fortune.

*Si redoutable que puisse paraître ce titre, il couvre cependant encore des choses de mon métier. Certes j'ai eu l'audace d'élargir mon sujet : de l'objet négociable, je suis passé au principe du négoce, qui est le même pour tous les genres de commerce. Ces pages sont donc celles d'un commerçant qui traite de la science du commerce.*

*Quand on écrit un livre c'est qu'on croit avoir quelque chose à dire. Pourquoi ai-je écrit celui-ci ? Quel a été mon but ?*

*Qu'on me permette de le dire en quelques mots :*

*Depuis trente ans que je fais du commerce avec les cinq parties du monde, j'ai acquis — je crois pouvoir l'affirmer — l'expérience du négoce universel. La force même des situations et des événements m'a initié aux méthodes commerciales de tous les peuples, de toutes les races et il ne m'a pas été difficile de juger ainsi par comparaison de ce qu'il y avait chez nous de bon et de mauvais, de pratique et d'insuffisant, de profitable et de nuisible à la nation.*

*En effet, sans avoir jamais étudié l'économie poli-tique, j'ai toujours considéré une nation comme une maison de commerce dont la prospérité dépend de la compétence éclairée des dirigeants et de la volonté de travail de la population.*

*Et il m'a paru que la maison de commerce France, terriblement handicapée d'ailleurs par la guerre et l'après-guerre, ne pouvait reprendre place au premier rang des grandes nations prospères qu'au prix d'un effort intelligent et persévérant.*

*Cet effort la jeunesse seule peut le donner, à condition qu'elle soit aiguillée résolument vers les professions qui permettent aux particuliers de conquérir l'aisance et même la richesse. L'augmentation des fortunes parti-culières n'est-elle pas la condition même de l'enrichisse-ment progressif de l'Etat ?*

*.C'est elle, en effet, la belle jeunesse française, qui dé-tient, en puissance, la future prospérité économique de la France et c'est elle qui peut assurer l'accroissement rapide de sa prospérité.*

*C'est pour elle que j'ai écrit ce livre qui est un livre d'expérience. J'y ai consigné toute une vie d'observation commerciale et j'ai voulu montrer par l'exemple que cette conquête de la richesse était avant tout affaire de sérieux, de volonté, de courage.*

*Ce sont donc des conseils sincères que la jeunesse trouvera ici.*

*Mon livre n'a pas d'autre prétention. Au jeune homme qui le lira, il se présentera comme une conversa-tion en tête à tête avec un ami désireux de lui être utile. A lui de l'écouter avec bienveillance et désir de profiter des avis et des exemples donnés par un homme qui connut des débuts difficiles et qui a souvent forcé le destin à lui être favorable.*

*Si parmi mes lecteurs il s'en trouve un seul qui veuille m'écouter et si celui-là peut se dire un jour que la lecture d'un livre sincère a décidé de son avenir et lui a permis de réussir, j'estimerai que je n'ai pas perdu mon temps.*

L. R.

RENCONTRE D'UN PORTEFAIX. — L'ÉCOLE COMMER-
CIALE ET SON ENSEIGNEMENT. — UNE DÉCEPTION
QUI DEVIENT UNE RÉSOLUTION. — LA VALEUR CHAN-
GEANTE DE L'ARGENT. — IL FAUT ENVOYER LES JEUNES
GENS A L'ÉTRANGER. — L'ART DE SE DÉBROUILLER.
— SEUL DANS PARIS ET CENT FRANCS POUR TOUTE
FORTUNE. — L'ARMOIRE NORMANDE. — PREMIÈRE
AFFAIRE ET QUELQUES AUTRES. — HOMME D'AFFAIRES
A 13 ANS. — DEUX GIFLES. — UNE VOCATION.

La vie réelle réserve parfois de singulières surprises... Je me promenais un jour — c'était avant la
guerre — dans le jardin des Tuileries quand mon
attention fut attirée par un commissionnaire qui
portait sur son dos un crochet chargé d'une pile de
cartons à chapeaux. Le visage de ce commissionnaire
me frappa : je connaissais ce garçon-là, mais où
diable l'avais-je vu ?

Soudain un éclair se fit dans ma mémoire. A travers les traits fatigués de l'homme, je retrouvai
un visage d'enfant. C'était un de mes anciens cama-
rades de l'École Commerciale.

Tout de suite le passé qu'il représentait me revint
à l'esprit : quand il était à l'école, ce commission-

naire faisait l'admiration de toute notre classe par son application au travail et ses dons remarquables pour les mathématiques. Pas un de nous qui ne fût convaincu que les plus hautes destinées lui étaient réservées.

Vivement je m'approchai de cet ancien camarade et lui frappai sur l'épaule.

— Bonjour, mon vieux, comment vas-tu ?

Il me considéra un instant avec surprise, puis lui aussi me reconnut. Et ce fut pendant quelques instants l'évocation de mille souvenirs d'enfance. Mais tout en bavardant mes yeux étonnés ne cessaient d'aller de son visage à la pile de cartons qu'il portait sur le dos. Mon camarade comprit l'interrogation muette qu'il y avait dans mon regard. Il sourit mélancoliquement et me dit :

— Je vois que tu es étonné de me retrouver dans une telle situation. Je comprends ta stupéfaction. Que veux-tu, je ne suis pas un débrouillard. Au sortir de l'école, j'ai trouvé le petit emploi que j'ai encore, chez un commissionnaire en marchandises. J'ai débuté modestement : mes appointements étaient minces. Cependant, grâce aux services que je rendais, j'ai réussi au bout de quelques années à gagner 300 francs par mois. Je me suis marié et, par crainte de l'incertitude de la vie, je n'ai jamais eu le courage de quitter ma place.

Actuellement, je fais un peu de tout dans cette maison, même les courses à l'occasion. Évidemment, j'ai manqué, non seulement d'audace, mais même simplement de confiance en moi. Je le paye cher, car aujourd'hui je ne suis plus assez jeune pour recommencer ma vie et si je renonçais à ce que j'ai, j'aurais peur de ne pas en retrouver l'équivalent.

Je fus profondément troublé et ému par cette rencontre et cette confession.

Je me dis tout d'abord que l'existence réservait vraiment à ceux qui voulaient se donner la peine de l'observer, les plus étranges surprises. Qu'en fait c'était la vie seule, et non les années scolaires, qui mettait réellement les hommes à leur vraie place. Il n'y a qu'à regarder autour de soi ou à considérer l'existence de toutes les célébrités de l'histoire du monde pour le constater. Combien de jeunes gens, qui, comme mon malheureux camarade, semblaient devoir briller aux premières places, ne furent ensuite que des épaves et combien, par contre, d'enfants jugés comme des sujets sans avenir sont devenus de grands commerçants, de grands industriels, voire de grands hommes au sens précis du mot. Victor Hugo n'a-t-il point échoué au baccalauréat et Napoléon n'a-t-il pas failli n'être jamais lieutenant d'artillerie parce qu'il avait été jugé trop mauvais élève à l'école de Brienne !

« Que sait-on, qui donc connaît le fond des choses ? » a dit précisément Hugo. Qui donc aussi peut prétendre à connaître ce qui sortira de grand ou de petit d'une cervelle d'adolescent.

Mille autres idées diverses surgirent en mon cerveau, et actuellement encore je vois dans l'histoire de mon ancien camarade la conséquence d'un défaut qui malheureusement n'est pas rare en France. Comme lui, toute une catégorie de jeunes gens bien doués et cependant pourvus d'une instruction sérieuse et soi-disant pratique, hésitent à quitter le premier emploi que le hasard leur donne et moisissent toute leur vie dans des places médiocres alors qu'avec un peu d'initiative personnelle, un peu de sens des responsabilités, ils auraient pu se créer une situation indépendante ou simplement meilleure.

Combien nombreux en effet, sont ceux qui, en sortant des grandes écoles, préfèrent la modeste existence du fonctionnaire à celle plus brillante et plus lucrative qu'ils auraient pu se faire avec un peu de courage, d'énergie et d'audace. Le désir d'une petite vie tranquille, avec une petite rente de l'État, c'est-à-dire exempte d'aléas, mais aussi privée des joies que donne la réussite, fait ainsi sombrer chaque année dans la médiocrité, des jeunes gens souvent pourvus de réels moyens intellectuels et cause le plus grand tort à la nation.

Reconnaissons que les Anglo-Saxons ont généralement une conception plus audacieuse de l'emploi des facultés de l'intelligence et du bagage acquis dans les écoles. Personnellement, j'ai vu je ne sais combien d'employés, Allemands ou Anglais, se placer dans une maison quelconque et y demeurer jusqu'à ce qu'ils en connussent les méthodes et au besoin les secrets et, en tout cas, jusqu'à ce qu'ils possédassent parfaitement la langue du pays. Le jour où celui qui est habitué à eux compte utiliser leur acquis pour le bien de sa maison, il n'est pas rare qu'ils refusent ce qui leur est offert et qu'ils s'en aillent ailleurs, apprendre une autre langue, s'initier à d'autres méthodes, surprendre d'autres secrets.

Il n'est pas dans nos mœurs d'agir ainsi. Et pourtant, quels bénéfices nos jeunes gens ne retireraient-ils pas d'un stage à l'étranger, en sortant de nos excellentes écoles !

Mais parlons-en de ces écoles où l'on apprend tant de choses excepté la manière de s'en servir. Belles-lettres, sciences, langues y sont enseignées avec conscience et meublent admirablement les cerveaux des enfants et des adolescents. Quand les études sont terminées, ils savent tout ce qui peut devenir une clé dans la vie. Il n'y a qu'un malheur, c'est que cette clé, on ne leur apprend point quelle porte elle peut leur ouvrir. A eux d'y penser, à eux d'avoir l'initiative, le flair ou la chance... Et l'on sait que c'est généralement tout cela qui leur manque.

Je me suis souvent demandé pourquoi, on n'a jamais pensé à faire, spécialement à l'École Commerciale, des conférences pratiques sur les moyens que nous offre la vie d'utiliser les connaissances acquises, en un mot, sur l'art de « se tirer d'affaire ».

Aussi ai-je pris la résolution, le jour où j'ai rencontré dans les Tuileries mon ex-camarade qui portait des cartons, de faire tout mon possible pour faire connaître à la jeunesse mon expérience des affaires et de lui indiquer les possibilités de tirer profit des mille circonstances que l'existence apporte à tous moments.

Moi aussi j'ai eu des débuts extrêmement difficiles et si je veux les conter ici, c'est qu'ils constituent un de ces exemples vécus qui valent mieux que les phrases solennelles.

Quand j'eus terminé me s études à l'École Commerciale de l'avenue Trudaine, j'en étais très fier et j'écrivis à mon père que j'espérais désormais n'avoir plus jamais besoin de son aide pécuniaire.

Après beaucoup de difficultés et pas mal de pr tections, j'entrai comme petit employé, à la Cristallerie de Baccarat, rue de Paradis. Là, je m'appliquai de mon mieux à faire ce qui m'était demandé et je ne tardai pas à avoir l'impression qu'on était satisfait de mes services.

Comme je connaissais plusieurs langues, j'y servais certains clients étrangers. Je faisais aussi un peu de comptabilité et des traductions.

Personnellement, j'étais très satisfait de moi. Aussi, à la fin du mois, je me présentai à la caisse le cœur content. Quand mon tour arriva (il y avait plusieurs centaines d'employés dans la cristallerie) le caissier me demanda mon nom et mes prénoms, puis il examina ses bordereaux et, ayant trouvé enfin ce nom au bas d'une page, il m'allongea deux louis — il y avait encore de l'or en ce temps-là — à travers le guichet.

Je ne vous dirai pas ma stupéfaction ! A la vue

de ces deux humbles louis qui s'étalaient tout seuls sur la plaquette de cuivre, je faillis tomber à la renverse.

Je courus sans respirer chez le directeur. C'était un homme aimable qui me reçut avec une gravité souriante et écouta les paroles qui traduisaient mon étonnement, avec une douceur bienveillante.

Quand j'eus fini, il me répondit par ces simples mots :

— Mon jeune ami, nous sommes très contents de vous et c'est parce que nous sommes satisfaits qu'on vous a remis ces petits appointements de début : vous êtes un des rares employés pris parmi les élèves de l'École Commerciale à qui nous accordions des appointements dès leur premier mois de présence dans la maison.

Ainsi, mes pauvres deux louis étaient encore la marque d'une exceptionnelle faveur ! On ne peut pas être plus malheureux que je ne l'étais à ce moment. Je sortis du bureau du directeur sans oublier de prendre mes quarante francs, et la maison ne me revit jamais, malgré les brillantes promesses d'avenir dont je fus comblé.

Au moment où je m'étais présenté devant le guichet du caissier de la Cristallerie Baccarat, j'étais convaincu qu'on allait me donner au moins deux ou trois cents francs par mois. C'était du moins mon rêve et mon idéal à cette époque. Car un des traits essentiels de mon caractère est de n'avoir jamais désiré dans la vie plus que je ne pouvais produire par mon propre effort. Je considère, en effet, que si l'on désire des choses réalisables, on peut généralement y réussir en y mettant la volonté et la persévérance nécessaires, mais que si on désire des choses irréalisables, si l'ambition dont on est dévoré dépasse les moyens intellectuels et matériels dont on dispose, on court à l'échec certain et, le plus souvent, on se casse les reins.

C'est parce que j'ai toujours eu le sentiment absolu de cette vérité que je n'ai jamais désiré l'impossible mais uniquement ce que je pouvais obtenir par la réalisation de mes idées, la mise en pratique de mes initiatives, le résultat de mon travail.

Les trois cents francs mensuels qui représentaient mon rêve de jeune homme feraient sourire aujourd'hui le plus modeste des employés. Ce rêve date d'il y a vingt-cinq ans et on me concédera qu'à cette époque un jeune homme qui gagnait trois cents francs par mois avait une situation enviable. Il pouvait porter des gants clairs et passer ses dimanches plus agréablement qu'à faire « des ronds » en crachant dans le bassin des Tuileries comme le « tourlourou » que chantait Polin.

Mais l'argent d'aujourd'hui n'a plus la même valeur...

Je m'arrête un instant. Ce mot que je viens d'écrire : « argent », reviendra souvent sous ma plume. C'est là une des exigences de mon sujet et même de mon titre. Mais si l'argent est la figure concrète de la fortune on verra par la suite que je le considère invariablement comme un *moyen* et non comme un *but*. En tous cas, en parlant d'argent, sous quelque forme que ce soit, je reste dans l'objet de cet ouvrage.

Je disais donc que l'argent d'aujourd'hui n'a plus la même valeur qu'il y a trente ans et moins encore qu'il y a un demi-siècle, un siècle, un siècle et demi. Au fur et à mesure que s'est accrue la richesse publique la valeur de l'argent a diminué. Le héros de Paul de Kock qui était assez riche avec 5.000 livres de rentes pour avoir son tilbury et sa garçonnière prendrait aujourd'hui l'autobus et renoncerait aux bonnes fortunes. Le bouquet de violettes et la tasse de thé seraient trop chers pour sa maigre bourse.

Les grands seigneurs du xviii<sup>e</sup> siècle avaient chasse et hôtel particulier avec 20.000 livres de rentes ! Qu'est-ce que 20.000 francs aujourd'hui !

Ce qu'il y a de curieux c'est que pendant très longtemps et jusqu'à l'époque de Balzac on ne parlait presque jamais d'un personnage quelconque sans énoncer en même temps le chiffre de sa fortune. X... valait 30.000 livres de rentes, Y... 50.000. Il en était de même de la dot des jeunes filles. Celles qui pouvaient apporter 100.000 francs de dot à leur mari constituaient ce qu'on appelait un « beau parti » il y a seulement 25 ans. Aussi avaient-elles toutes les prétentions quant à la situation du fiancé.

Un « beau parti » de maintenant se chiffre par millions. Que faire en effet avec 100.000 francs de dot ? La somme représente cinq à six mille francs de rente, quelque chose comme quatre à cinq cents francs par mois, c'est-à-dire à peu près la moitié des appointements du chauffeur qu'on ne peut d'ailleurs pas avoir.

N'allons pas déduire de ces observations comparatives que nous vivons à une époque de misère et de malheur. La valeur des choses est aujourd'hui directement proportionnée à la valeur de l'argent, de sorte que l'équilibre entre les dépenses et les recettes de chacun, entre le prix des denrées et les salaires est toujours le même. L'ouvrier qui, il y a 30 ans gagnait de 5 à 6 francs par jour pouvait vivre à peu près comme vit celui qui, aujourd'hui, gagne de 25 à 30 francs.

L'équilibre n'est rompu que dans les vieilles cervelles qui ne peuvent s'accoutumer à cette modification de la valeur de l'argent, et il en résulte parfois des aventures comiques. Ainsi, l'autre jour, en sortant d'un restaurant, je donnai distraitement une pièce de 50 centimes au chasseur qui m'ouvrait la portière de ma voiture. Avant la guerre, j'aurais été remercié par un aimable sourire et deux ou trois courbettes. Un chasseur d'aujourd'hui n'accepte pas 50 centimes et celui-là me le fit bien voir. Avec une dignité de comique des Bouffes du Nord, le mien me rendit ma modeste pièce en me disant « qu'il n'était pas un mendiant ».

Furieux et peut-être un peu vexé au fond d'avoir un instant oublié que dix sous ne représentaient guère plus de trois sous d'autrefois, j'ai repris ma pièce et je l'ai remise dans ma poche.

Ce qu'il y a peut-être de plus curieux dans ce phénomène d'équilibre c'est que la proportion du prix des choses s'établit presque automatiquement de par le monde.

Aux États-Unis — pays privilégié — le dollar a retrouvé sa valeur d'avant-guerre, tandis que notre franc d'aujourd'hui vaut à peine le tiers de notre franc de 1913. Qu'arrive-t-il ? C'est qu'en France tout se paie trois fois plus cher qu'alors ; en Italie où la lire vaut le quart de ce qu'elle valait, tout se paie quatre fois plus cher ; en Allemagne où le mark de 1923 vaut cent mille fois moins que le mark du temps de Guillaume II, tout se paie en proportion, etc., etc.

Au début de ce premier chapitre, j'ai effleuré, sans l'approfondir, l'un des facteurs les plus intéressants de l'expansion commerciale des nations et partant, de la fortune de ces mêmes nations : celui du stage — et au besoin de l'établissement — à l'étranger de la jeunesse intelligente et active qui se destine au commerce. J'ai montré, en quelques lignes, que l'extraordinaire puissance britannique, que le développement prodigieux du commerce allemand avant la guerre, s'appuyaient en partie sur l'habitude prise par les jeunes gens de ces pays d'aller apprendre les méthodes des autres nations et d'y étudier les possibilités d'installation et de développement des industries et des commerces anglais et allemands.

En France, on a fini par se rendre compte de l'excellence des méthodes anglo-saxonnes, et, à leur exemple on s'est enfin décidé, depuis quelques années à envoyer des jeunes gens à l'étranger, soit pour apprendre la langue, soit pour s'initier aux habitudes commerciales des autres pays.

Malheureusement, si l'intention est louable, les résultats ne sont pas toujours ceux qu'on était en droit d'espérer et voici pourquoi.

La plupart des jeunes gens qui consentent ainsi à s'expatrier sont des fils de familles aisées. La première préoccupation de leurs parents est de leur assurer une existence confortable. A peine arrivés dans la ville qu'ils ont choisie, ils sont installés dans une pension de famille renommée ou dans une maison amie. Ils ont de l'argent dans leur poche et ils ne songent généralement qu'à s'amuser. Mon observation n'est pas rigoureuse : j'en ai connu, certes, qui se débrouillaient et travaillaient, mais c'est le cas de dire que l'exception confirme la règle.

Je suis absolument d'avis qu'à l'âge où l'on envoie un jeune homme à l'étranger, âge dangereux où la préoccupation principale est d'ordinaire le plaisir, il est imprudent de lui garantir des ressources relativement importantes.

Si le jeune homme est assuré de toujours trouver l'appui financier des siens, au moment où il en aura besoin, il y a beaucoup de chance pour qu'il néglige de donner l'effort sans lequel la réussite est impossible.

Il est évidemment pénible pour des parents aisés de dire à l'enfant : « Nous t'avons donné l'instruction qui t'était nécessaire, maintenant débrouille-toi tout seul ».

C'est une question de force de caractère et je crois qu'il n'y a pas de meilleure façon, pourtant, de bien comprendre l'intérêt propre du jeune homme. On me dira : « Votre méthode, en somme, consiste à jeter quelqu'un en pleine eau pour lui apprendre à nager ». A peu près, avec cette différence que les parents sont toujours prêts à secourir l'enfant s'il barbotte et à le tirer d'affaire, s'il se noie. Mettre un jeune homme en face des réalités et des responsabilités de la vie ne signifie pas l'abandonner, loin de là. Mais il est excellent qu'il ait l'impression de n'avoir à compter que sur lui-même.

La méthode que je préconise est d'ailleurs plus dure à appliquer par les parents qu'elle n'est réellement difficile à pratiquer par l'enfant et j'en ai rarement vu qui aient eu, jusqu'au bout, le courage d'y persévérer.

Cependant, quand du côté des parents j'ai rencontré des êtres exceptionnels, déterminés à tenter l'aventure et que du côté jeune homme, il se trouvait des natures bien trempées, j'ai toujours vu le succès couronner l'expérience.

Il faut en réalité se dire que si l'enfant a une mauvaise nature, de la faiblesse de caractère, pas le moindre ressort enfin, il ne réussirait pas plus avec le soutien financier de sa famille que livré à ses propres moyens.

On ne s'imagine pas quelle influence profonde ont les premières années de travail sur toute la vie d'un homme. On peut dire d'elles, sans crainte de se tromper, qu'elles conditionnent tout l'avenir.

Les premières années de lutte sont celles où on casse la glace, où on met à exécuter le moindre travail une énergie qu'on serait incapable de fournir à un âge plus avancé.

Si dur que cela paraisse, il n'y a pas de meilleur aiguillon que la faim pour développer les qualités mal déterminées d'un jeune homme. « Nécessité rend ingénieux », dit un vieux proverbe français. La nécessité donne aussi à l'enfant cette idée exacte que le travail est la clé des joies les plus sûres et la source du bien-être.

J'en parle en connaissance de cause et je me souviendrai toujours de mes années de jeunesse et de ce que je pouvais fournir d'activité pour arriver à équilibrer mon modeste budget.

Mais ce que je n'oublierai jamais, surtout, c'est l'émotion qui m'étrangla le jour où mon père m'annonça qu'il ne lui était plus possible de me garder chez lui ainsi que mes deux frères. J'avais 17 ans ; je sortais de l'École Commerciale et je venais de passer un mois à la Cristallerie Baccarat, ainsi que je l'ai déjà raconté. Mes frères avaient 15 et 13 ans.

Nous étions trois enfants. Du jour au lendemain, j'allais avoir à m'occuper de moi-même et de ces deux petits par-dessus le marché.

Mon père me donna un billet de cent francs, sa

bénédiction et, pour tout bagage, une couverture pour trois. Il ne me restait plus qu'à conquérir le monde.

Je découvris rue Mayran un mauvais cabinet qui prenait le jour par une unique tabatière et nous nous y installâmes tous les trois. Je passe sur notre chagrin : nous avions l'impression d'être trois orphelins perdus dans Paris, sans amis, sans ressources, sans aucun moyen d'assurer notre existence.

Je me sentais responsable de mes frères, et je me dis qu'il fallait tout de même essayer de se tirer d'affaire.

Au bout de deux semaines, la location du cabinet, notre nourriture — combien maigre — notre installation — combien rudimentaire — avaient absorbé 58 francs sur mon billet de cent francs.

Et nous n'étions pas plus avancés qu'au premier jour. Mon impuissance me désespérait ; j'avais la sensation que tout était fermé autour de nous, qu'un mur sans issue bloquait notre existence, qu'il n'y avait pas dans tout Paris la moindre place à prendre. Je tiens à dire en passant, à tous ceux qui ont eu à se débrouiller dans la vie ou qui doivent actuellement se débrouiller, qu'il n'y a pas de sentiment plus dangereux et plus faux que celui-là. Il y a toujours dans Paris, comme dans tous les lieux du monde, de nombreuses et larges portes d'entrées par lesquelles on peut passer. Mais pour les trouver, il faut d'abord avoir la conviction qu'elles existent, puis mettre à les découvrir tout le courage et toute l'intelligence dont on est capable. Il n'y a pas de domaines où l'intelligence et l'ingéniosité humaines ne puissent s'exercer, mais il faut du flair, de bons yeux et de l'énergie.

Aujourd'hui qu'il m'est permis de juger de plus loin toutes choses, je puis affirmer qu'il n'existe aucune affaire à laquelle on ne puisse apporter un perfectionnement ou donner un essor nouveau. Il n'existe pas davantage de muraille où à force de frapper on ne finisse par voir une porte s'ouvrir. Et c'est si vrai qu'à la base de toute réussite on trouve le plus souvent la persévérance parmi les qualités qui ont conduit au succès. Il n'y a que les paresseux qui se découragent et trouvent toujours des impossibilités autour d'eux : l'effort leur répugne et la persévérance dans l'effort leur est inconnue.

Je disais donc qu'au bout de quinze jours, il me restait pour toute fortune, 42 francs... Le désespoir dans l'âme, j'errais, seul, dans les salles de l'Hôtel des Ventes, quand je fis connaissance d'un Italien, ancien menuisier de son état, qui lui aussi rôdait à travers les salles. C'était un pauvre bougre, père de famille, qui me conta sa détresse. Le problème de la vie, pour lui était quotidien, et chaque jour, il lui paraissait insoluble pour le lendemain.

Nous en étions là de cette conversation mélancolique quand le commissaire-priseur mit en vente un lot de planches qui gisaient sur le sol. Mon Italien avait depuis un certain temps déja jeté un regard sur ces planches qui paraissaient l'intéresser. Il poussa un profond soupir.

— Quel dommage, dit-il soudain, que je n'aie pas une douzaine de francs pour acheter cette armoire normande !

— Quelle armoire normande ? fis-je, étonné.

— Mais celle qui est là, par terre, en morceaux et que le commissaire-priseur va adjuger.

Là-dessus, il m'expliqua que ce que je prenais pour des planches étaient les panneaux, les côtés, les montants, toutes parties d'une armoire qui ne tenait plus et qu'on vendait démontée pour cette raison, mais que s'il avait pu l'acheter, il l'aurait réparée et reconstituée et qu'il en aurait fait un meuble parfaitement vendable. C'était peu de travail à faire et un bénéfice certain à réaliser.

Un bénéfice ! mot magique dont le sens profond m'apparut aussitôt à moi qui ne possédais plus que quarante-deux francs et qui redoutais le jour prochain où je n'aurais plus rien du tout.

— Voulez-vous que nous l'achetions de compte à demi, fis-je, soudainement décidé. Si vous croyez qu'il y a vraiment un peu d'argent à gagner, je vous avance la petite somme nécessaire à l'acquisition de ces planches. Vous reconstituerez l'armoire et quand nous l'aurons vendue, nous partagerons le bénéfice.

Quelques instants plus tard, nous possédions nos planches pour treize francs.

Nous louâmes une petite voiture à bras dans le

voisinage, nous y plaçâmes nos planches, et, l'un tirant, l'autre poussant, nous prîmes le chemin du domicile de mon nouvel ami et associé. Quelle trotte ! l'animal habitait un affreux taudis à l'extrémité de l'avenue Parmentier.

Quelques outils lui manquaient pour exécuter le travail projeté : je les achetai. Puis nous nous mîmes tous deux à la besogne et quelques jours après nous revendions l'armoire normande reconstituée avec quelques francs seulement de bénéfice.

Tel fut mon point de départ dans le monde des affaires. Je travaillai pendant quelques mois avec mon menuisier et nous réussîmes quelques petites affaires heureusement plus intéressantes que celle de l'armoire.

C'est ainsi d'ailleurs que je pris l'habitude de fréquenter la salle des ventes et d'y rechercher des occasions. Je ne tardai guère à acquérir le flair particulier qui consiste à apprécier toute marchandise, sans l'avoir jamais vue, qu'il s'agisse de l'acheter, comme de la vendre. Aussi ai-je acheté les objets les plus hétéroclites partout où l'occasion s'est présentée. J'ai négocié des caisses de parapluies, des flacons d'huile de foie de morue, des tonneaux de harengs que je faisais ensuite mariner pour les revendre plus facilement et avec un bénéfice plus élevé ; j'ai acheté des jouets, des fourrures, des wagons de foin et même des petits chiens. J'ai acheté à l'Hôtel des Ventes, dans les monts-de-piété, aux chemins de fer, dans les magasins de solde. Il m'est arrivé d'acquérir des magasins entiers.

A l'origine, j'ai gagné péniblement ma vie et j'ai payé cher l'expérience que j'ai acquise. En moyenne, je faisais quatre affaires bonnes sur cinq, mais la cinquième étant mauvaise me faisait perdre avec mon temps le bénéfice des quatre autres.

J'ai mangé, généralement, un repas chaud par semaine... Je ne me souviens jamais de tout cela sans émotion : ce fut l'époque la plus heureuse de ma vie.

La jeunesse, c'est le capital-espérance d'un pays.

Tout jeune homme qui a conscience que le travail est le plus beau titre de noblesse, et qui a la volonté de réussir dans la vie est une force pour une nation, et une force d'autant plus grande qu'il n'hésitera pas à aller porter son esprit d'entreprise hors des frontières.

J'entends dire souvent : « C'est très joli l'esprit d'entreprise, mais on ne peut rien faire avec rien ». Quelle erreur grossière ! Faire quelque chose avec des capitaux est relativement facile : réussir avec les seules qualités de l'intelligence est mieux. Et chaque jeune homme, si dénué de ressources qu'il soit, doit se dire qu'avec du courage et de la volonté, il peut réussir beaucoup mieux que celui qui compte d'abord sur l'appui d'un capital familial. Qu'il se dise constamment qu'il n'est si pauvre qui ne puisse devenir riche... Du reste, rien n'est plus noble que de réussir par ses propres moyens. C'est ainsi qu'on acquiert l'esprit d'initiative, l'expérience, la confiance en soi qui sont les forces essentielles de la vie active.

Aussi est-ce dès l'enfance qu'il faut habituer les cerveaux à l'idée du travail intensif pendant toute la durée de l'existence. Et ceci m'amène à dire un mot de l'éducation actuelle.

Les conditions modernes de l'existence ont transformé les mœurs. C'est si vrai que la vie familiale d'autrefois, qui avait tant de charme, n'est plus guère qu'un souvenir. Les enfants ne vivent pas, comme jadis, en intimité complète avec leurs parents. Je ne suis certes pas de ceux qui pleurent sur la disparition des choses du passé. On ne peut pas condamner l'humanité à piétiner sur place et je tiens, au contraire, pour excellentes en général les modifications et les transformations qui naissent de la marche du temps. C'est la loi même du progrès. Mais dans ce cas particulier je regrette la disparition, chaque jour plus accentuée, du lien journalier qui attachait si fort, jadis, parents et enfants, parce qu'elle se traduit à mes yeux par une diminution fâcheuse de l'esprit de famille que je considère comme la vertu des races et la force des sociétés.

Ce que je regrette plus encore, c'est la mode nouvelle qui consiste à ne jamais parler chez soi des affaires personnelles : les enfants y perdent les premières notions des professions qu'ils devront cependant exercer. Ce mal est irréparable s'ils doivent un jour succéder à leur père.

Au reste, les enfants d'aujourd'hui vont en classe

dês le matin et n'en reviennent que le soir. Accablés de devoirs et de leçons ils dînent en hâte pour se replonger dans les livres et les cahiers. Leur contact avec leur famille se borne à quelques échanges de politesses et à quelques réponses à des questions sur leurs études. Point d'épanchements, point de longues causeries où chacun laisse parler son cœur. Apprendre, traduire, préparer des examens, apprendre encore, toute leur existence est là. Cela dûre pour eux jusqu'à 18, 19 ou 20 ans, puis le régiment les garde d'assez longs mois pour qu'ils aient le temps d'oublier en partie ce qu'ils ont si péniblement acquis. Quand enfin l'heure sonne pour eux d'entrer dans les affaires, c'est-à-dire d'aborder pour tout de bon la vie active, ils s'y présentent avec une ignorance complète des réalités. Tout ce qu'ils voient, tout ce qu'ils entendent leur est étranger et ils s'aperçoivent avec stupeur qu'Homère, Tacite ou Cicéron ne leur sont d'aucun secours. En face de ce monde nouveau, dont ils ne soupçonnaient même pas l'existence, il leur faut s'adapter : ils y réussissent plus ou moins vite et plus ou moins bien.

J'appartiens déjà à une génération qui a été élevée tout autrement. Sans soutenir absolument que la méthode de mon temps valait mieux que celle d'aujourd'hui, je crois cependant pouvoir dire qu'elle permettait mieux de s'adapter rapidement aux dures exigences de la vie d'affaires et qu'en tous cas elle ne laissait pas les enfants et les parents aussi éloignés, moralement, les uns des autres.

Une aventure de mon extrême jeunesse — aventure qui eut une influence décisive sur ma destinée — démontrera mieux que par la théorie, que les aptitudes d'un enfant ou d'un jeune homme peuvent se trouver révélées à lui-même subitement et lui donner cette confiance en soi dont dépend parfois son avenir et son succès.

Je suis né — l'ai-je déjà dit ? — dans le Caucase, où j'ai vécu jusqu'à l'âge de 14 ans. Mon père faisait le commerce de gros des porcelaines et des cristaux et naturellement j'allais en classe, comme tous les enfants de mon âge.

Les méthodes russes d'éducation ne ressemblent aucunement aux nôtres. Ainsi dans les lycées et collèges les études ne durent chaque jour que jusqu'à 2 heures. Les élèves sont libres le reste de la journée : ils font ce qu'ils veulent. Ce système a ceci d'avantageux que le cerveau de l'enfant n'est pas soumis à un bourrage ininterrompu ; on lui laisse le temps de faire sa digestion intellectuelle. Les paresseux — il y a des paresseux partout — s'amusent, mais les autres tirent généralement le plus grand profit de leur liberté ; car ils ajoutent des études volontaires aux études obligatoires de la matinée. Selon leurs goûts ou leurs dispositions ils augmentent leur bagage classique ou scientifique ou s'initient aux éléments de la carrière qu'ils choisiront. Dans un cas comme dans l'autre c'est tout bénéfice pour eux.

En ce qui me concerne, dès l'âge de dix ans, ma

principale occupation, de 2 heures de l'après-midi au soir, fut de vivre dans le magasin paternel. J'étais invinciblement attiré par les transactions commerciales. Je m'intéressais au chiffre d'affaires de la journée, et mon grand plaisir était d'aider à la vente.

À tous moments, j'avais, avec mon père, de longues conversations dont le commerce formait le sujet. Mes dispositions ne lui échappèrent donc point.

C'est pour cela sans doute qu'il n'hésita pas, bien que je n'eusse que 13 ans 1/2, à me confier un jour la négociation d'une affaire très importante. Voici dans quelles circonstances.

La récolte ayant été mauvaise cette année-là, en Russie Septentrionale, des commissionnaires demandèrent à mon père d'acheter dans notre région un nombre considérable de wagons de sarrazin. Ne voulant pas refuser cette occasion de réaliser de beaux bénéfices, mais ne pouvant quitter son magasin, mon père songea à me charger de ces achats.

Muni de plusieurs milliers de roubles — à cette époque déjà lointaine, mille roubles représentaient environ 2.700 francs — j'avais à faire une randonnée énorme à travers des villages, éloignés parfois d'une centaine de kilomètres de toute ligne de chemin de fer, où se trouvaient des blés à vendre chez des producteurs.

Se représente-t-on ce que peut être un pareil voyage pour un enfant qui est encore à l'âge où les parents ne lui laissent pas, d'ordinaire, faire cinq cents mètres sans être accompagné ! Il a produit sur moi une impression inoubliable.

Jamais je n'avais quitté la maison paternelle et pour mon premier voyage je partais pour un temps indéterminé, chargé de redoutables responsabilités. Il me fallait m'enfoncer dans l'intérieur de la province et, comme les moyens de communication étaient loin d'être parfaits, j'avais à circuler tantôt en chemin de fer et tantôt en voiture.

J'ai traversé des villes et des villages, des plaines et des bois qui me paraissaient interminables, achetant aux cultivateurs, dans les marchés, les quantités de blé dont ils disposaient. Mes achats se trouvant disséminés sur un vaste territoire il me fallut improviser toute une organisation pour leur centralisation. La mise en sacs, la location des charrettes, le transport jusqu'à la voie ferrée, représentèrent un effort, une ingéniosité, un ordre et une méthode dont ne peuvent avoir aucune idée ceux qui ne se sont pas trouvés en possession de marchandises considérables et encombrantes, prises dans les points les plus divers d'une immense contrée.

Je résolus d'ailleurs adroitement l'une des parties les plus délicates de ce problème complexe. Devant la quantité de sacs que j'avais réunis, et tout autant pour diminuer mes frais de transport que pour remédier au manque de wagons que l'administration des chemins de fer devait me louer, je pris la résolution de faire moudre mon blé.

Dans le voisinage de la gare expéditrice que j'avais choisie se trouvait un important moulin. Je m'en fus trouver le meunier et je reconnus en lui un homme qui devait une assez grosse somme à mon père. L'idée de récupérer cette dette en le faisant travailler me sourit instantanément. Mais je me gardai bien de lui dire qui j'étais, de peur, qu'ayant à faire à un enfant, et qui plus est, à l'enfant de son créancier, il se refusât à effectuer le travail nécessaire. Nous convînmes des prix et des délais, et j'attendis tranquillement que tout fût terminé.

Le jour vint où ma farine fut prête et je me mis en devoir d'en prendre livraison. A ce moment-là seulement je dis au meunier qui j'étais et comment la dette qu'il avait envers mon père se trouvait payée par le travail qu'il venait d'exécuter. De surprise le bonhomme faillit s'évanouir...

Ma tâche était terminée : je fis charger mes sacs sur les wagons retenus et je pris le chemin du retour.

Il y avait une vingtaine de jours que j'étais parti quand je rentrai un soir, à la nuit tombante, dans la ville paternelle. J'étais rayonnant d'avoir conduit avec succès la mission dont mon père m'avait chargé et grande était mon impatience d'arriver à la maison.

Elle était d'autant plus grande cette impatience que m'étant volontairement — et un peu par bravade — abstenu de donner de mes nouvelles pendant mon absence, mon père devait se demander ce que je pouvais bien être devenu. A sa légitime inquiétude j'allais répondre par une heureuse surprise.

Pour arriver plus vite, je pris une voiture. J'eus la joie, en descendant sur le trottoir de constater que notre magasin était encore ouvert malgré l'heure tardive de mon retour. A travers la vitre, j'aperçus même mon père qui allait et venait entre les comptoirs, en compagnie de mon parrain.

Je dois dire ici que je détestais mon parrain qui ne manquait jamais une occasion de se moquer de moi. Sa vue me fut désagréable et la main sur le bouton de la porte je faillis rebrousser chemin et remettre au lendemain matin mon entrevue avec mon père.

Mais la pensée de son inquiétude d'une part, la satisfaction profonde que j'éprouvais de ma réussite de l'autre, chassèrent cette hésitation. Je poussai la porte et, le visage ravi, je m'élançai vers mon père pour l'embrasser. Je n'en eus pas le temps... deux gifles magistrales me clouèrent sur place.

Mon père, sans me poser la moindre question, venait de me les administrer.

Évidemment ces deux gifles constituaient ce qu'on appelle un réflexe : elles étaient la manifestation de quinze longs jours d'anxiété et traduisaient plus encore l'angoisse du cœur que l'incertitude de l'esprit au sujet du résultat des achats de blé. Mais la présence de mon parrain me rendit cette injuste correction particulièrement amère.

Interdit d'abord, je restai une seconde suffoqué, puis j'éclatai en sanglots et sans dire un mot je courus jusqu'à ma chambre et me mis au lit.

Le lendemain matin je revis mon père. Notre entrevue fut plus cordiale. Je lui racontai mon voyage par le menu, comment j'avais fait mes achats et comment il se trouvait remboursé de la dette du meunier. Il était enchanté et ému, et je n'ai pas besoin d'ajouter que je fus chaudement félicité.

Mais les bonnes paroles de mon père ne réussirent pas à panser la blessure de la veille. J'étais profondément blessé des gifles imméritées reçues en présence de mon parrain : je ne devais jamais m'en consoler.

C'est si vrai que peu de temps après cette aventure, ayant mûrement réfléchi, je dis à mon père que mon parti était pris et que j'avais résolu de le quitter et de venir tenter la fortune, seul, à Paris. Rien ne put me retenir.

Bientôt je quittai la Russie pour venir en France et ce fut encore un voyage dépourvu de banalité, car il me fallut traverser toute l'Allemagne et la France, jusqu'à Paris, sans connaître le moindre mot d'allemand, ni de français. A cet âge, on ne manque ni de témérité ni de confiance en soi !

Quelques années plus tard, mon père ayant cédé sa maison de commerce venait me rejoindre à Paris en compagnie de mes deux jeunes frères. Quoique ses deux gifles me fussent restées sur le cœur, la paix était faite entre nous et la vie familiale reprit son cours. C'est alors que j'entrai à l'École Commerciale, d'où je ne sortis que pour entrer à la Cristallerie Baccarat comme je l'ai conté plus haut.

Telle fut en ce qui me concerne, la très simple réalité. Cela n'empêche pas qu'il s'est créé sur moi, dans certains milieux, une légende, poétique comme un conte oriental, mais complètement dépourvue de vérité. J'en ai eu connaissance dans des circonstances bien amusantes.

J'avais été invité, il n'y a pas bien longtemps de cela à un dîner officiel. Le hasard m'avait donné comme voisine de table une charmante jeune fille. Au dessert, c'est-à-dire au moment où la conversation était générale, ma voisine se pencha vers moi et me demanda si elle pouvait me poser une question qui, « sans doute, ajouta-t-elle, me semblerait indiscrète ».

— Mais je vous en prie, Mademoiselle, posez votre question, lui répondis-je.

Après avoir hésité encore un instant elle me demanda brusquement :

— Est-il vrai Monsieur que dans votre extrême jeunesse vous avez été pêcheur de perles fines ?

Désirant savoir ce que cachait une telle question je ne répondis pas directement.

— Cela dépend, Mademoiselle, comment vous l'entendez.

— C'est qu'on raconte, reprit-elle, que vous étiez, jeune homme, un très malheureux pêcheur de perles. La vie était dure pour vous et la mer ne vous livrait pas ses trésors. Un jour, à bout de ressources, découragé, désespéré, vous avez plongé plus profondément dans les flots après avoir fait une ultime prière.

Vous fûtes longtemps sous l'eau. Quand vous re-
vîntes à la surface, vous rapportiez dans vos mains
une superbe coquille d'huître contenant l'une des
plus merveilleuses perles fines qu'on ait jamais vue.
Ce fut le commencement de votre fortune._Est-ce
vrai Monsieur ?

Je songeai à cette minute au bon La Fontaine et à
sa fable du Laboureur et ses enfants : Retournez
votre champ, mes enfants, un trésor est caché dedans ? Le trésor, c'était le travail. Ma superbe coquille, ma perle merveilleuse, n'était-ce point mon
travail acharné de mes années de jeunesse ?

Et je n'ai pas eu le courage de détromper ma charmante voisine. Elle a dû depuis propager la légende
que je n'avais pas démentie. C'est ainsi souvent
qu'on fait l'histoire !

Mais voilà encore une anecdote qui me touche
personnellement et je vois d'ici Pierre Mille froncer les
sourcils et me dire : « Crois-tu vraiment que tes
petites histoires personnelles intéressent les lecteurs ? »

Une telle réflexion constitue une critique. L'ai-je
méritée ?

Pierre Mille que j'aime comme ami et que j'admire
comme écrivain a d'incontestables qualités de con-
teur. Mais quand il me dit qu'une anecdote personnelle nuit à l'agrément d'un livre d'intérêt général,
je n'hésite pas à n'en tenir aucun compte et je lui
réponds que c'est là question de manière et que
désobéir à ses impulsions c'est à mon sens perdre en
partie sa personnalité.

L'homme qui écrit un livre y met toute son âme. Qu'il se mette directement en scène ou qu'il fasse parler des personnages fictifs, il n'y a là qu'une différence de forme : l'œuvre n'en porte pas moins la marque de sa personnalité.

Un auteur ne se met pas personnellement en scène par vanité, pour le sot plaisir de parler de lui. On peut même tenir pour certain que cet affichage ne lui est pas agréable et qu'il doit, le plus souvent, se faire violence pour préférer la forme personnelle, qui exige tant de franchise, à la forme fictive qui permet toutes les fantaisies. Je vais plus loin : je crois qu'un certain courage lui est nécessaire, car il sait qu'à se montrer tout nu il sera discuté avec plus d'âpreté, critiqué avec plus de passion.

Au risque de contrarier mon ami Pierre Mille, j'ai donc parlé de moi dans ce livre chaque fois qu'une aventure de ma vie devenait, sous la forme d'anecdote, l'exemple qui rend vivant un conseil, un axiome, un principe et les fait mieux comprendre. J'étais certain ainsi de rester dans la vérité car l'exemple, pour prendre toute sa valeur, doit être vrai. Au reste, ce livre est sincère de la première à la dernière ligne.

Je ne cacherai pas que je ne me suis pas rallié à ce mode de travail sans hésitation. Mais je me suis dit qu'appartenant déjà à une génération passée, je pouvais apporter à mes lecteurs l'expérience d'une vie laborieuse, dont les débuts furent excessivement difficiles et qui n'a connu le succès qu'après une longue suite d'efforts de tous les instants. La fortune ne m'est pas venue toute seule et si ma vie commerciale peut être pour la jeunesse qui me lira une leçon d'énergie et un enseignement pratique, j'estimerai que je n'ai pas tout à fait perdu mon temps.

# II

IL FAUT ENTRER JEUNE DANS LA CARRIÈRE COMMER-
CIALE. — LE VÉRITABLE RÔLE SOCIAL DU NÉGOCIANT.
— UNE ERREUR D'APPRÉCIATION PEUT COUTER CHER.
— VENDEZ BON MARCHÉ. — DU SNOBISME ET DES
PRIX ÉLEVÉS. — QUALITÉS INDISPENSABLES. — L'ART
DE PLAIRE. — L'HONNÊTETÉ. — HISTOIRE DE DOUZE
POMMES ET D'UNE CORRECTION. — LE SALON EN
« MOUCHARABI ».

Je viens d'ébaucher pour la jeunesse française quelques conseils ayant pour but de l'éloigner des « situations toutes faites » et particulièrement du fonctionnarisme, et de l'aiguiller vers les affaires et surtout vers ce grand commerce international qui est essentiellement la source de la fortune individuelle et, par conséquent, de la fortune nationale.

La pensée qui me fait parler ainsi c'est que j'ai cette conviction que le Français n'a, sur les Anglo-Saxons dont j'ai vanté l'esprit pratique et le sens de la méthode, qu'une seule infériorité : celle d'ignorer sa propre valeur. On ne doit cependant pas le lui reprocher. Une fatalité, ou plutôt deux fatalités ont pesé sur lui depuis plus d'un siècle.

D'abord celle-ci.

Si l'on voulait chercher la cause essentielle qui a conduit la jeunesse française vers le fonctionnarisme, on la trouverait dans l'erreur commise par la bourgeoisie au lendemain de son avènement au premier rang de la société française. La Révolution de 1789, en libérant la nation, a fait table rase des avantages et des privilèges de la noblesse. La bourgeoisie, inconsciemment, a travaillé à les rétablir à son profit. Son rêve a été de donner à ses fils des carrières honorifiques dans l'État. Elle en a fait des sous-préfets, des magistrats, des notaires, des avoués, des receveurs des finances, des inspecteurs d'enregistrement, des employés de ministères, des ingénieurs, etc., etc... En raison du prodigieux développement de l'État, et par conséquent des fonctions de l'État, elle a multiplié par mille les abus qui étaient le privilège de l'ancienne aristocratie. Cent ans de ce régime, fils du régime centralisateur voulu par Napoléon, aggravé par la constante augmentation des fonctions publiques ont positivement altéré l'esprit d'initiative et l'ambition qui sont cependant deux des plus belles qualités primordiales de la race française. Canalisée vers d'étroits sentiers, vers de médiocres avenirs, la jeunesse a perdu le goût des grandes espérances que donnent les carrières commerciales. Il s'agit de le lui rendre.

La seconde fatalité, la voici :

La France a le malheur géographique et historique d'être la voisine de l'Allemagne, et depuis la catastrophe de 1870, elle a vécu dans la hantise de la guerre. Le service militaire obligatoire a été la rançon de cette situation. Et ceci équivaut à une paralysie de l'effort. En effet, que peut entreprendre d'utile un jeune homme qui devra, à l'âge des enthousiasmes et des audaces, abandonner sa situation naissante, interrompre ses études ou son apprentissage pour passer plusieurs années dans une caserne ! Quel chef d'entreprise, quel directeur de grande maison de commerce s'intéressera vraiment au jeune homme de 17 à 21 ans qui le quittera pour ne plus revenir peut-être !

L'interruption dans l'effort naissant est le plus souvent funeste à cet âge. En tous cas, il est impossible de se lancer dans une carrière avant vingt-trois ou vingt-cinq ans. C'est déjà bien tard dans le commerce. C'est trop tard à coup sûr pour ceux qui ne peuvent accepter une situation de début, forcément modeste, à un âge où les exigences de la vie se font déjà cruellement sentir.

Les Anglais et les Américains n'ont pas souffert et ne souffrent pas encore de cette fatalité. Ils peuvent dès l'âge de 16 ans s'aiguiller vers les carrières commerciales et industrielles et se consacrer avec ardeur et sérieux aux affaires. A vingt-cinq ans, ils sont déjà loin sur la route où le jeune Français fait seulement son apparition. Il y a là pour nous une incontestable infériorité dont le pays souffre et à laquelle il n'est malheureusement pas facile de remédier.

Le seul remède que je vois est de se décider très

jeune, dès seize ans, ou dix-sept ans, à embrasser les carrières commerciales de manière à être déjà quelqu'un dans sa partie quand arrive l'heure du service militaire. Ainsi fortement aiguillé le jeune homme reviendra tout naturellement au commerce, quand son service militaire sera terminé et s'il désire aller aux colonies ou à l'étranger, il sera mieux armé pour tirer profit des connaissances acquises.

Une profonde modification s'est faite dans les esprits depuis 1914, au sujet du commerçant. Nous assistons, en effet, à une véritable réhabilitation. Avant la guerre, pour cette même raison que les situations libérales étaient enviées, les situations commerciales étaient plutôt méprisées. Un commerçant ne jouissait pas en France d'une considération en rapport avec son utilité nationale. Il était même navrant de constater qu'on semblait ignorer qu'il était le principal artisan de la richesse du pays.

Quelle différence chez les Anglo-Saxons ! En Amérique, en Angleterre, en Allemagne, le commerce a toujours été considéré comme le pivot même de l'État. Dans un de mes livres précédents, *Au Jardin des Gemmes*, j'ai indiqué incidemment comment, en Allemagne, le commerce primait les situations libérales. J'ai dit notamment ceci :

« En Allemagne, le savant, l'ingénieur, l'architecte, le chimiste, les fonctionnaires de l'État, l'empereur lui-même se sont toujours mis au service du commerce. Le peuple allemand a compris, ou ses gouvernements lui ont fait comprendre que la prospérité économique d'un État dépendait du commerce et de l'industrie, et chacun, dans la mesure de ses moyens, travaille à faciliter la tâche de l'État. Le rôle de l'ingénieur, de l'architecte, est de construire des ponts, des canaux, des lignes de chemins de fer pour seconder le transport des matières fabriquées. Le chimiste, le savant, attachés à l'usine, aident à la réalisation de produits nouveaux, plus avantageux, propres à faciliter le développement commercial. Guillaume II favorisait de tout son pouvoir l'extension de la flotte commerciale, faisant lui-même des affaires et traitant Ballin, le directeur de la « Hambourg-America » en ami intime ».

Nous n'en sommes pas encore arrivés en France, malheureusement, à cette large compréhension du rôle essentiel du commerce, mais nous y venons peu à peu, et plus la jeunesse instruite se dirigera vers le commerce, plus la considération qui est légitimement due à cette profession viendra vite et prendra sa juste place.

Déjà le spirituel Parisien que fut Alexandre Duval, le créateur des « bouillons » que toutes les Revues de fin d'années ont blagué en leur temps, ne serait plus victime de la petite mésaventure qu'il contait avec tant de bonne humeur. Riche, âgé, considéré, reçu dans quantité de salons réputés, il se trouvait un jour chez des gens qui recevaient la meilleure société de Paris. Et l'on vint à parler familles, ancêtres, éducation d'autrefois.

— Oh, moi, dit à son tour Alexandre Duval,

mon père était boucher, ma mère tenait la caisse...

Il n'acheva pas. Sa phrase avait jeté un froid dans le salon, les visages s'étaient renfrognés, des moues étaient apparues sur les lèvres, semblant dire : « Quand on n'est que commerçant et qu'on a de si petites origines, on se tait ».

Soyez assurés que les mêmes personnes, entendant les mêmes mots aujourd'hui ne feraient pas la moue. Les événements ont ouvert les yeux de ceux qui ne voulaient pas voir et modifié cette déplorable mentalité. On s'est rendu compte de la haute importance sociale du négociant et l'on s'est aperçu aussi qu'un commerçant n'était pas un simple brave homme, attendant sans effort intellectuel, derrière ses comptoirs, la venue des acheteurs. On a remarqué que n'était pas commerçant qui veut, qu'il fallait, pour exercer cette profession des qualités particulières très complètes parmi lesquelles l'observation, l'esprit de décision, l'audace tempérée par le raisonnement se placent au premier rang. Et ceux qui avaient fait la guerre se sont dit que ces qualités-là c'étaient celles qu'ils avaient le plus apprécié chez leurs chefs. De là à reconnaître au commerçant des qualités de chef il n'y avait pas loin : on y est venu. C'était enfin lui rendre justice.

Il est exact en effet que le commerçant se trouve, des milliers de fois, dans sa carrière, comme un général au milieu d'une bataille : il lui faut voir en une seconde les conséquences d'un événement, les juger d'un coup d'œil et savoir prendre instantanément la décision dont dépend souvent tout son avenir et toute sa fortune. Chose curieuse, l'influence de l'origine est souvent considérable dans le succès. Une remarque m'a particulièrement frappé : en étudiant la vie des grands milliardaires anglais et américains qui ont édifié leurs colossales fortunes vers le milieu du XIX$^e$ siècle, j'ai remarqué que presque tous ont débuté dans la vie comme ouvriers. Cette origine, si modeste, loin de nuire à leur ascension dans la richesse, leur a, au contraire, beaucoup servi, car ils y ont puisé la plupart des qualités essentielles pour réussir.

Quiconque voudra approfondir cette observation verra combien elle est juste. Le travail manuel est une magnifique discipline qui, chez les sujets intelligents, se transplante automatiquement dans le domaine intellectuel. Habitué à mesurer sa force, à être économe de son énergie tout en pratiquant la persévérance dans l'effort, et cela durant dix heures chaque jour, l'homme retrouve naturellement ces qualités dans son cerveau quand il passe du travail manuel à la pratique des affaires.

C'est du moins ce que démontre à tous moments la vie des grands milliardaires. Leurs enfants, nés riches, et n'ayant pas connu les bienfaits de la discipline manuelle, sont déjà beaucoup moins bien armés qu'eux pour la lutte d'affaires, si complètes que soient leurs qualités intellectuelles.

Ceci revient à critiquer le système d'instruction adopté et qui consiste uniquement à meubler et développer le cerveau au point de le surcharger et de le fatiguer.

En Angleterre et en Amérique, une place bien plus large est faite, dans les écoles, à la culture physique et aux sports, qui sont une discipline et jouent assez convenablement le rôle régulateur du travail manuel. Les éducateurs anglo-saxons semblent avoir compris que cette culture physique et ces sports provoquaient chez l'enfant le développement de ces qualités d'équilibre et de mesure que l'ouvrier acquiert par la pratique de sa profession. Il est certain qu'ils sont un facteur de l'équilibre de la santé qui est lui-même une condition essentielle de la vigueur intellectuelle. Le « mens sana in corpore sano » des Latins demeure une vérité moderne.

L'enfant élevé d'après ces méthodes est mieux placé qu'un autre pour se lancer dans la vie commerciale, où la décision à prendre doit être si souvent aussi rapide qu'un réflexe et où tout temps perdu à réfléchir avant de se décider peut transformer une situation difficile en catastrophe.

Les Allemands, dans le même ordre d'idées, ont fait une place considérable aux écoles techniques, où le travail manuel est largement pratiqué. Malgré la forte charpente qu'affecte l'État, les petits Allemands sont le moins possible dirigés vers les professions libérales et moins encore vers les fonctions publiques. Leur rêve à tous est d'être commerçants ou industriels.

Utile aux particuliers, le développement des écoles

techniques est largement profitable à l'État, puisque rien que dans le domaine de la chimie pratique et appliquée, les Allemands sont arrivés à être les producteurs presque exclusifs des produits chimiques en Europe et à posséder une formidable armée de 35.000 chimistes alors qu'en France, on en compte à peine 2.500.

Au reste tous les Anglo-Saxons ont compris que les fonctions libérales, encore qu'elles soient mieux payées qu'ailleurs, ne nourrissent guère leur homme que d'honneurs. Quand donc les jeunes Français se rendront-ils enfin compte que sur deux ou trois mille avocats inscrits aux divers barreaux français il y en a 30 à 50, pas plus, qui gagnent de 100.000 à 500.000 francs par an. Mais c'est toute une éducation nationale à refaire.

Revenons pourtant à l'esprit de décision, indispensable au commerçant.

J'ai raconté, dans le précédent chapitre, comment je suis entré dans la carrière commerciale. J'ai dit comment, cherchant ma voie, j'achetais à la salle des ventes, les objets les plus différents. Je n'ai pas tardé cependant à comprendre qu'il était nécessaire de concentrer mes efforts vers un seul genre de commerce. C'est alors que j'ai choisi le commerce des bijoux.

J'ai commencé, comme bien on pense, avec de tout petits moyens : soit à la salle des ventes, soit chez des bijoutiers, j'achetais alors des bijoux d'occasion que je revendais avec un petit bénéfice.

Mais dans cette partie, comme dans tant d'autres, les affaires ne sont pas toujours heureuses.

A l'époque où se place l'anecdote que je veux conter, je possédais quatre mille francs d'économie. Un jour de printemps j'entrai à la salle Drouot. Il faisait chaud ; le temps était à l'orage. D'épais nuages obscurcissaient le ciel, et bientôt de grosses gouttes de pluie s'abattirent sur la verrière de l'Hôtel des Ventes.

A ce moment précis le commissaire-priseur mettait en vente une importante broche en diamants. Avec cette vivacité qui est le propre de ceux qui doivent se décider en quelques secondes à effectuer un achat, j'examinai la broche et j'estimai que les diamants qui la composaient devaient représenter environ 80 carats.

D'enchères en enchères, je poussai cette broche jusqu'à 11.000 francs.

Elle me fut adjugée à ce prix. Comme je ne possédais personnellement que quatre mille francs, je courus immédiatement emprunter à deux de mes collègues les sept mille francs qui me manquaient. Je retirai aussitôt ma broche et, impatient d'examiner plus attentivement mon achat, je quittai l'hôtel Drouot. Sur le trottoir j'examinai ce bijou. Quelle déception ! L'orage était passé, le ciel était limpide et, à la faveur de la lumière, je m'aperçus aussitôt que les diamants qui m'avaient paru clairs dans la salle étaient ce qu'on appelle dans le métier des « nats » c'est-à-dire des diamants noirs, mais jouant le blanc. De plus, les pierres, qui m'avaient paru avoir la forme habituelle étaient plates et minces comme du bristol.

L'affaire devenait désastreuse et je compris aussitôt l'étendue de mon malheur. Que faire ? Je courus au club où étaient réunis les marchands de diamants. Comme ils savaient que j'avais souvent des occasions ils m'entourèrent dès qu'ils me virent arriver et je leur montrai ma malheureuse broche et mon bordereau d'achat.

En quelques instants le cercle des marchands s'éclaircit. Le prix trop élevé de l'objet ne leur avait pas échappé : l'affaire n'offrait donc aucun intérêt pour eux.

A ce moment, un de mes collègues, M. D... me frappa sur l'épaule et me dit :

— Ami, tu t'es fourré dedans. Je te donne 7.500 fr. de ta broche.

J'ai jeté alors un dernier coup d'œil sur la malencontreuse broche et j'ai répondu :

— Elle est à vous.

Un nuage au ciel, une erreur d'appréciation me coûtaient toutes mes économies !

Quelque vingt ans plus tard, j'ai revu M. L... Il se rappelait l'affaire de la broche comme si c'était la veille. Évoquant ce souvenir de ma jeunesse, il me dit alors :

— Vous avez parcouru, depuis l'achat de cette broche, un chemin difficile, mais enfin vous avez réussi. Cette réussite, je l'ai prévue et prédite du

jour où sans hésiter, sans chercher à conserver pendant des mois et des mois un objet acheté trop cher,
ce qui eût immobilisé vos capitaux, et vous eût fait
perdre la considération de vos collègues, vous avez
préféré vendre de suite, à perte, et même en perdant
tout ce que vous aviez. Vous avez fait preuve de
cette décision qui est un facteur de succès et vous
avez compris que perdre de l'argent n'est rien si l'on
garde la tête libre.

En matière commerciale, tout se ramène presque
toujours, en effet, à cette question de jugement
et de décision. Les grands principes commerciaux
eux-mêmes en sont tributaires dans leur application. Ainsi l'un des problèmes les plus importants
de tout commerce, l'intérêt qu'il y a à vendre cher
ou bon marché, se résout lui aussi par la sûreté du
jugement.

Au premier abord, il ne semble pas que l'hésitation soit permise. Il faut vendre les marchandises
cher, car vendre cher c'est réaliser d'importants
bénéfices.

Eh bien je n'hésite pas à être d'un avis absolument
opposé. Je crois en effet, par une grande expérience
de la vie commerciale réelle, que vendre cher, c'est
gagner peu. En vendant cher, on ne vend que la
petite quantité de marchandises dont le public ne
peut se passer. Vendre bon marché, c'est au contraire
faciliter la diffusion des marchandises dont la nécessité n'est pas absolue et c'est vendre beaucoup.

Si je devais, à l'appui de cette théorie, prendre

un exemple qui frapperait l'esprit de mes lecteurs,
je rappellerais le souvenir du Bazar de l'Hôtel de
Ville qui, à une certaine époque, vendait relativement bon marché à tous ses comptoirs. Qui ne se
souvient de ces étalages populaires où ne se vendaient
que des articles à un, deux ou trois sous ! Une foule
énorme d'acheteurs s'y pressait du matin au soir.

La possibilité d'acheter dans des conditions meilleures qu'ailleurs attirait le public au Bazar : le
chiffre d'affaires réalisé fut très vite considérable,
et son propriétaire dût, en très peu de temps, agrandir
ses locaux. Ainsi prospéra, à une allure étonnante,
une entreprise dont les débuts avaient été particulièrement modestes.

Que de marchandises offrent ainsi des possibilités
d'affaires prospères ! Certains produits, par la profusion avec laquelle on les trouve dans les colonies,
sont de ceux-là. Qu'on les introduise dans l'un ou
l'autre des pays d'Europe : qu'on les vende bon
marché et on en verra la vente augmenter dans des
proportions surprenantes pour le plus grand profit
de l'importateur.

S'agit-il d'un produit de consommation ? S'il est
bon marché, il entre très rapidement dans l'alimen-
tation courante et la vente ne tarde guère à atteindre
des chiffres énormes.

Admettons que l'importateur, par le fait même
qu'il se trouve maître du marché, veuille vendre ce
produit très cher, il gagnera sans doute davantage
d'argent sur chaque unité, mais comme il n'en ven-

dra que dans d'infimes proportions, ses bénéfices demeureront, au total, insignifiants.

Rien ne serait plus facile que de multiplier de tels exemples. Ainsi nos couturiers, nos modistes, toutes nos fées de la mode parisienne qui créent des merveilles, vendent leurs modèles à des prix énormes aux commissionnaires étrangers. Mais qui dit vendre un modèle dit ne vendre qu'une robe, qu'un chapeau, qu'un objet. Si élevé que soit son prix, ce n'est qu'une unité.

Rentré dans son pays, le commissionnaire tire du modèle un nombre considérable de moutures, des milliers de robes et de chapeaux qu'il vend à ses compatriotes le vingtième du prix d'achat du modèle.

Inutile, n'est-ce pas, de comparer le bénéfice du créateur français avec celui du copiste étranger !...

Même pour des produits dont la rareté assure le cours élevé, le principe du prix modeste est profitable.

La « De Beers », la grande Compagnie d'exploitation et de vente des diamants, l'a parfaitement compris. Jouissant presque d'un monopole d'extraction, maîtresse à peu près absolue du marché, il lui était aisé de faire monter ou baisser les prix selon sa convenance. Elle eût pu, si elle l'eût voulu, doubler les prix actuels du diamant : il n'eût été au pouvoir de personne de s'y opposer.

Mais la « De Beers » a eu cette exacte compréhension commerciale, qu'elle avait tout intérêt à faciliter ce qu'on pourrait appeler la « démocratisation » du diamant. Elle a maintenu des prix abordables aux bourses moyennes et l'abondance des achats lui a permis d'augmenter dans d'intéressantes proportions sa production annuelle et de réaliser des bénéfices totaux qu'elle n'aurait jamais connu, en vendant une marchandise raréfiée à des prix doubles ou triples de ceux actuellement pratiqués.

Voici un autre cas, tout aussi probant, que je ne saurais passer sous silence, tant il vient à l'appui de ma démonstration.

Depuis la guerre, l'extraction des pierres de couleur a été à peu près nulle. Les prix ont augmenté en proportion. Les émeraudes notamment, surtout celles que la joaillerie courante utilise, c'est-à-dire les petites, ont atteint des prix tels que la fabrication des bijoux modestes dans la composition desquels elles entrent, est complètement paralysée. Le résultat tangible est qu'aujourd'hui il est impossible de fabriquer avec de jolies pierres un bracelet dont la valeur soit inférieure à 100 ou 200.000 francs.

A ces prix, un bijoutier peut arriver à vendre à quelques millionnaires un ou deux bijoux par an. Le reste de la foule se bornera à en admirer la beauté en passant devant sa vitrine.

Mais qu'il établisse le même bracelet, au besoin avec des pierres moins fines et moins belles, et qu'il le vende au 10e ou au 15e de ce prix exorbitant, et tout aussitôt il en vendra par dizaines.

Il n'existe qu'une très grande mine d'émeraudes, celle de Muzo, en Colombie. Or, en raison de la difficulté qu'il y a à vendre les émeraudes aux prix où elles sont actuellement cotées, l'extraction a considérablement et graduellement diminué au cours de ces dernières années.

Si l'on mettait résolument le double ou le triple d'ouvriers sur les chantiers de la mine colombienne, qui paraît inépuisable, on doublerait ou on triplerait sa production : les prix baisseraient d'eux-mêmes, la fabrication de la joaillerie courante retrouverait une ère florissante et les ventes se feraient en abondance. Cette renaissance serait d'autant plus complète et plus brillante que les petits bijoutiers de Pfortzheim, en Allemagne, de Birmingham, en Angleterre, et de Paris, sont obligés actuellement d'employer, pour leurs joailleries, des pierres de seconde qualité. La faveur publique accueillerait avec joie une fabrication qui emploierait des pierres classiques et vendrait à des prix plus abordables que ceux d'aujourd'hui.

Je pourrais multiplier de tels exemples. Mais n'en ai-je pas dit assez pour démontrer combien juste est ma thèse.

Je m'empresse d'ajouter, cependant, qu'elle n'est pas plus absolue que tout autre thèse. Certains commerçants sont obligés de tenir compte des goûts et même des défauts de leur clientèle et de vendre cher ce que d'autres pourraient vendre bon marché. N'y a-t-il pas des gens pour qui une marchandise ne paraît pas belle si elle n'est pas chère ? C'est ce qu'on appelle du « snobisme » et c'est l'exploitation

rationnelle de ce « snobisme » que nombre de commerçants pratiquent.

On me racontait un jour qu'un marchand de nouveautés reçut la visite d'une cliente qui lui demanda
de lui montrer la plus belle soie qu'il avait en magasin. Le marchand étala sur son comptoir ce qu'il
avait de mieux, de la soie à 26 francs le mètre.
(C'était avant la guerre et les prix n'atteignaient pas
ceux d'aujourd'hui).

La cliente fit la grimace :

— Vous n'avez rien de mieux. J'aurais voulu
plus beau.

Le commerçant allait répondre qu'on ne faisait
pas de soie plus belle, mais il se ravisa et alla chercher
dans son arrière-boutique une soié rigoureusement
identique à la première.

— Voici plus beau, dit-il, mais je n'avais pas
osé vous la montrer. Celle-ci vaut 42 francs le mètre.

— C'est tout à fait ce que je voulais, reprit la
cliente, elle a beaucoup plus de main. Pourquoi ne
pas l'avoir montrée tout de suite ?

Et la vente fut conclue. Il faut admettre que le
marchand n'a pas voulu manquer sa vente, mais,
tout de même, de telles pratiques commerciales ne
sont pas recommandables.

Ce qui est légitime, c'est que certains produits
soient fabriqués, présentés et marqués à des prix
élevés en vue de la vente exclusive à cette clientèle
spéciale.

N'avons-nous pas vu, à une époque où les journaux

ne coûtaient qu'un sou, un grand journal mondain à 0 fr. 15 faire afficher avec orgueil qu'il était « le journal le plus cher de Paris » ? Il savait flatter ainsi le snobisme de sa clientèle qui n'aurait pas trouvé le journal assez mondain s'il n'avait coûté qu'un sou comme les autres.

Divers produits de beauté, des parfums, n'ont connu le succès que parce qu'ils étaient vendus trois ou quatre fois plus chers que les autres, mais présentés, il est vrai, avec plus de chic, plus de sentiment artistique. La vogue des parfums de Coty, de Guerlain, du Chevalier d'Orsay, etc, n'a pas d'autre cause. Combien de produits comme ceux-là, laisseraient encore de beaux bénéfices à leurs fabricants s'ils étaient vendus au tiers de leur prix établi !

A Paris encore, divers restaurants, des bars « élégants », des thés, ne sont recherchés par la clientèle riche que parce qu'ils sont beaucoup plus chers que les autres. Il est réputé « chic » d'y être vu ou de dire qu'on y était tel ou tel jour.

Combien de « galas » à l'Opéra, n'ont fait salle comble que parce que les loges étaient à 2.000 francs et les fauteuils à 100 francs. Il était « chic » encore d'y avoir été et ceux qui avaient payé de tels prix se considéraient comme classés dans la société parisienne parce que les journaux mondains avaient cité leurs noms ! O vanité ! quelle source d'exploitation tu constitues !

Que d'exemples du même genre, je pourrais donner encore ! Le fait brutal c'est que le snobisme alimente d'une clientèle nombreuse quantités de commerces qui ignoreraient le succès si leurs prix étaient normaux.

Toute question de placement mise à part, la grande vogue de la perle et de l'émeraude, ne vient-elle pas un peu aussi de ce que leur rareté, assurant l'élévation de leurs prix, ne permet pas aux premiers venus de se les procurer !

Le snobisme, ayant pour complément la mode, a donc ceci de particulier qu'il rend les affaires faciles. Nous n'en sommes pas moins ici devant une clientèle exceptionnelle et forcément peu nombreuse.

Si j'ai voulu dire un mot de ce cas, qui constitue une exception, je ne veux cependant pas m'éloigner davantage de mon sujet qui est le commerce en général et des qualités qu'il faut avoir ou acquérir pour y réussir. Toutes ont leur importance.

Dans le commerce de détail, les affaires se font généralement au prix marqué. Ces prix sont extrêmement variables. Ils sont différents, en effet, suivant l'importance et le caractère des villes, le quartier, le genre de clientèle, les frais généraux du négociant. On comprend parfaitement que le même article, venant de la même fabrique, soit vendu plus cher dans un luxueux magasin des grands boulevards ou de l'avenue de l'Opéra, que dans une petite boutique de Belleville.

Quand il s'agit de spéculation proprement dite, que ce soit d'affaires de Bourse, de matières premières ou de bijoux, les prix varient également, non plus pour des raisons extérieures, mais pour des raisons d'ordre psychologique.

Le tempérament du spéculateur joue ici le premier rôle. Pour certains, tout bénéfice est bon à prendre et ils n'hésitent jamais à conclure un marché au moment où ils croient avoir atteint le bénéfice qu'ils désirent. Pour d'autres, l'hésitation est constante : Ils ne se décident jamais et perdent leur temps en négociations qui n'aboutissent pas, oubliant que le bénéfice réalisé sur une affaire vite enlevée leur permettrait d'en faire une seconde.

Quel sentiment intervient chez ces hésitants ? De la cupidité dans divers cas, le vendeur ne trouvant jamais le bénéfice assez gros ; l'amour des belles choses, qui est le fond de l'âme de tous les collectionneurs, quand il s'agit de bijoux ou d'objets d'art. Tiraillé entre le désir de vendre avec bénéfice, et le regret de se séparer d'un objet qui lui plaît, le vendeur ne se résout à rien et souvent laisse échapper l'affaire.

Une anecdote russe montre assez bien ce sentiment, encore qu'elle le place à propos de la plus petite et de la plus ordinaire des affaires.

Un passant entre chez un épicier et lui demande pour un sou de sel et un sou de poivre. La marchande ouvre ses tiroirs, prépare ses cornets, pèse son sel et son poivre, tourne, semble hésiter et met un temps infini à remplir ses cornets.

L'acheteur marque une certaine impatience. Soudain la marchande retourne à ses tiroirs et y remet le sel et le poivre qu'elle y avait pris, disant pour toute explication : « Si cette marchandise vaut pour vous, elle vaut aussi pour moi ».

D'ailleurs à mes yeux il y a deux catégories de commerçants bien distinctes : ceux qui achètent et ceux qui vendent. Elles se rencontrent souvent dans le même homme et il est curieux d'observer combien le même personnage est différent, selon qu'il est acheteur ou vendeur. Celui qui achète est généralement brusque, impératif, brutal même parfois, arrogant souvent. C'est qu'il apporte son argent. Il considère que cette situation lui donne une supériorité. L'argent est une force et il entend en tirer avantage. Son attitude est absolument instinctive : il ne l'étudie ni ne la prépare.

Toute différente est l'attitude de celui qui vend. Celui-ci est souple, aimable, convaincant, insinuant. Il est patient, il sait observer l'acheteur et deviner son plus ou moins grand besoin de faire une affaire. Il trouve, dans les ressources de son esprit, au moment propice, l'argument décisif.

La souplesse a d'ailleurs sa place au premier rang parmi les qualités de tout vendeur. Je dirai même qu'à mes yeux c'est la qualité essentielle, celle qui facilite le mieux la réussite commerciale. Mais la souplesse a comme contre-partie un vilain défaut, très répandu : l'entêtement, qui est particulièrement néfaste au commerçant. Tout bon commerçant sera toujours souple ; il ne s'entêtera jamais et tiendra pour certain qu'il y a toujours avantage à céder au cours d'une négociation difficile. L'occasion de se rattraper se présentera d'elle-même, presque toujours.

J'ai eu souvent la possibilité d'observer des acheteurs et des vendeurs et je dois dire que la psychologie du vendeur m'a toujours intéressé profondément. Les cas étant aussi différents qu'il y a d'occasions de vente, il lui est nécessaire d'avoir une connaissance réelle de l'âme humaine, et je suis surpris que l'étude du commerçant vendeur n'ait jamais tenté la plume d'un romancier se piquant de fine observation. Il n'est pas douteux qu'il y a chez tout commerçant vendeur une science de l'art de plaire poussé à de certains moments jusqu'à la coquetterie.

Mais cette coquetterie-là, c'est celle que George Sand a si joliment définie : « l'esprit mis au service du désir de plaire ».

Rien ne raffine davantage l'esprit que l'envie de plaire et c'est ce que j'expliquais un jour à mon fils en causant avec lui des qualités qui distinguent le bon commerçant.

Je lui disais :

— On a dit beaucoup de mal de la coquetterie parce qu'on a déformé le sens de ce mot et qu'on l'a ramené presque exclusivement, au physique, à l'idée de recherche exagérée de la toilette, et, au moral, à l'idée de la provocation amoureuse avec volonté de tout refuser. La coquetterie ainsi comprise,

A. de Bernard l'a marquée d'un coup de griffe dans les vers suivants qui portent bien la marque du xviii<sup>e</sup> siècle :

> Une coquette a pour devise :
> Plaire toujours, n'aimer jamais.
> Son cœur où chacun trouve place
> Jamais n'a connu de lien :
> C'est un miroir dont la surface
> Reçoit tout et ne garde rien.

Vraiment c'est diminuer la coquetterie que de la limiter ainsi.

A mes yeux, la coquetterie est un don infiniment subtil, dont un esprit supérieur peut faire un art. Mise au service du commerce, elle peut devenir une grande qualité.

La coquetterie pour un jeune homme peut prendre simplement la figure de la politesse, de la prévenance et je dirai même, au risque de faire crier au paradoxe, de la simplicité. J'estime en effet qu'un jeune homme, dès l'âge le plus tendre, doit chercher à plaire, c'est-à-dire à se faire aimer. Ce sera pour lui un excellent apprentissage de la vie que de chercher à plaire à ses domestiques s'il en a, à sa concierge, à ses amis, à ses parents. Il doit pousser jusqu'à l'extrême le désir qu'on dise de lui « qu'il est sympathique ! »

On raconte que le cardinal de Fleury, précepteur de Louis XV, sortant du Louvre avec son royal élève, fut obligé de lui dire un matin : .

— Sire, saluez votre concierge.

— Et pourquoi saluerais-je mon concierge ? Ne suis-je pas le Roi ?

— Vous êtes le Roi, Sire, mais saluez votre concierge le premier pour qu'on ne puisse pas dire qu'en France, un concierge est plus poli que le Roi.

Ce trait, en tous cas, vient à l'appui de ma thèse. Je prétends en effet qu'il ne s'agit pas de plaire platement, ni avec hypocrisie. Il s'agit tout bonnement de se rendre sympathique et de passer pour agréable dans tous les milieux où l'on se trouve. Plus que tout autre, celui qui se prépare à la vie commerciale doit se régler sur ce principe.

Ce serait d'ailleurs une erreur de croire qu'il est toujours facile de plaire. La coquetterie prise dans son bon sens, exige non seulement de la bonne volonté, mais une attention de tous les instants et souvent une véritable force de caractère. La nature d'abord s'amuse à déjouer les plus louables intentions. On n'a pas toujours le physique attirant et l'aurait-on qu'on peut avoir le caractère autoritaire, cassant, moqueur, hautain, sombre ou distrait.

Cette question du physique sympathique ou non, joue, surtout au moment du premier contact, un rôle considérable. Une personne plaît par la douceur de ses traits, la franchise de son regard, le naturel de son attitude et tout de suite on se sent attiré vers elle et disposé à écouter sa conversation. A-t-elle au contraire le visage rébarbatif, le regard faux ou fuyant, l'attitude équivoque ou cauteleuse, on subit malgré soi une impression désagréable et on n'a pas d'autre désir que de ne rien entendre de ce qu'elle dira. L'impression du premier contact est souvent la bonne et certaines gens — les femmes surtout, qui semblent parfois douées d'un sixième sens — se trompent rarement sur la valeur morale d'une personne rencontrée pour la première fois. Il faut se défier cependant de ce qu'on peut appeler la répulsion instinctive, car il n'y a pas de règle sans exception, et des gens excellents sont affligés du physique le plus ingrat. Mes déceptions les plus fortes m'ont été occasionnées par des personnes ayant l'aspect presque angélique !

Mais si l'on est assez souvent mauvais juge des autres, on est toujours mauvais juge de soi-même, soit qu'on se juge trop avantageusement — c'est le cas le plus fréquent — soit qu'on se juge avec un excès de sévérité.

Pour arriver à plaire non seulement une véritable éducation de la volonté est indispensable, mais il faut encore s'appliquer à l'observation et à la connaissance des caractères en général et de ceux des personnes que nous fréquentons en particulier. La science de la psychologie ne s'acquiert pas en quelques semaines et ce ne sont pas les livres qui l'enseignent le mieux. Ce bien, l'expérience l'apporte à la longue à quiconque veut vraiment se donner la peine de l'acquérir.

Un jour arrive où l'on est absolument maître de

soi et où l'on possède si parfaitement son clavier de la coquetterie que l'on sait être aimable différemment avec chaque personne et exactement de la façon qu'il faut pour lui plaire. Ce jour-là l'on devient un commerçant de premier ordre quel que soit le client acheteur qu'on a devant soi. On pressent avec précision quelle attitude il est utile d'avoir à son égard et quelle forme devra présenter le langage qu'on lui tiendra.

L'avantage d'un tel système d'éducation volontaire c'est qu'il conduit à se perfectionner soi-même.

Pour plaire, il est indispensable d'être simple, et bon : on devient meilleur par la pratique de l'art de plaire. Peu à peu on dépouille tout ce qui peut rester au fond de soi de présomption et de vanité, ou tout au moins, on sait si parfaitement les garder au fond de soi que nul n'en souffre.

Se défaire complètement de ces deux défauts est peut-être ce qu'il y a de plus difficile. Ce sont à coup sûr les plus tenaces et c'est pour cela, probablement, qu'ils sont plus antipathiques que les autres encore. Il n'en est point en tous cas qui empêchent plus complètement la réussite en affaires.

C'est parmi les jeunes gens, entre 14 et 18 ans, que ces défauts sont les plus fréquents et se remarquent le plus. Aussi doit-on conseiller à la jeunesse de se surveiller tout spécialement et de tout faire pour s'en guérir.

Un de mes amis se plaignait à moi de l'excessive présomption qu'il remarquait chez ses fils.

— Vos enfants ne sont pas des sots, lui dis-je, essayez donc avec eux la méthode homéopathique.

Mon ami accueillit ma proposition en riant.

— Je ne vois pas bien, me répliqua-t-il, comment en matière de défauts, je puis guérir le mal par le mal.

— C'est pourtant bien simple, continuai-je. Invitez à tous vos repas des personnes affligées à un degré grave de vanité et de présomption. Gardez-les à votre table aussi longtemps qu'il le faudra pour que leurs défauts se donnent libre cours et les rendent odieuses. Dirigez toutes les conversations de telle sorte qu'elles parlent toujours d'elles-mêmes. Renchérissez au besoin et laissez faire le bon sens de vos enfants. Ils ne tarderont pas à avoir vos invités en horreur. A ce moment n'hésitez pas. Faites remarquer à vos fils combien il serait malheureux pour eux de leur ressembler et dévoilez-leur même tout votre stratagème. Quand ils sauront que vous avez machiné cette petite comédie à leur intention, ils seront sans doute profondément vexés, mais ils comprendront la portée de la leçon et vous n'aurez pas perdu votre temps. -

Malheureusement la vanité et l'ambition dominent la majorité des hommes dans les pays civilisés. Ces défauts sont à la base même des rapports que les hommes échangent entre eux et leurs racines sont profondes dans les sociétés modernes. Pour avoir voulu les supprimer et les remplacer par une uniformité complète de principes élémentaires et par la suppression des intérêts individuels, la Russie soviétique a fait non point la marche en avant qu'elle croyait faire, mais un pas en arrière tel qu'elle s'est jetée dans un gouffre. Je sais bien qu'en cette affaire l'étatisme poussé à outrance a sa part de responsabilité, mais c'est un autre côté de la question que je ne veux pas aborder ici.

Je n'entends pas exiger de nos jeunes gens ni de mes contemporains qu'ils aient cette politesse affectée, cette amabilité toujours souriante qui est particulière aux orientaux. Il y a entre eux et nous une trop grande différence d'éducation et de civilisation pour que cela soit possible. Je n'en ai pas moins toujours été frappé par l'attitude des Chinois, des Japonais ou des Arabes que j'ai rencontrés ou fréquentés. La politesse et l'amabilité, chez eux, semblent défier l'adversité. C'est si vrai que M. Sylvain Lévi, l'éminent orientaliste, racontait un jour, qu'ayant été reçu en compagnie d'un ami, dans une famille japonaise, il avait été émerveillé comme toujours de la sérénité souriante, de l'amabilité empressée, du souci d'être agréable qu'avaient montrés les maîtres de la maison. En sortant il fit remarquer à son ami que rarement il avait vu des gens paraissant plus heureux.

— Vous ne vous êtes guère douté, à voir le naturel de leur sourire, répliqua l'ami, qu'ils avaient perdu leur fils aîné la veille ?

Et M. Sylvain Lévi fit cette remarque :

— L'exercice d'une politesse qui va jusqu'à une telle dissimulation du plus profond chagrin, pour n'en point attrister ses hôtes, m'a paru le comble du raffinement. Cela n'est possible qu'en Extrême-Orient, où d'ailleurs la mort est considérée, non comme une catastrophe, mais comme une étape vers le bonheur définitif.

Il est certain que rien ne semble toucher un oriental en dehors du soin de plaire à ceux avec qui il se trouve.

Un luxe inouï de compliments, de comparaisons fleuries accompagne ou compose leurs formules de politesse ; un éternel sourire est figé sur leurs lèvres. Tous se ressemblent en cela de telle sorte que l'amabilité finit par prendre chez eux l'aspect d'un uniforme.

Chez nous, comme chez tous les peuples occidentaux, les signes extérieurs de la bonne éducation offrent beaucoup moins d'affectation et ne s'embarrassent pas d'un aussi grand nombre de formules fleuries. La différence des tempéraments et aussi des habitudes séculaires de recevoir, d'éduquer, de commercer conduisent à des conceptions différentes de l'art de l'urbanité.

Mais, chose curieuse, si tous les orientaux se ressemblent dans le domaine de la politesse, tous les occidentaux se ressemblent aussi, par grandes catégories, dans la manière d'être, vis-à-vis les uns des autres. Les Français de bonne éducation ne paraissent-ils pas tous coulés dans le même moule ? Un Anglais bien né n'est-il point pareil à un autre Anglais bien né, encore que sa politesse ne soit pas celle du

Français ? La même observation s'applique au Russe, à l'Italien, à l'Espagnol, à l'Allemand. Chez tous, comme chez l'oriental, ne semble-t-il pas qu'une même méthode — ou qu'une même habitude vieille de plusieurs siècles — ait enseigné les mêmes mots, les mêmes gestes et supprimé toute originalité ? Cette méthode c'est l'éducation et hélas ! elle conduit bien plus à l'hypocrisie qu'à la sincérité.

J'ai lu quelque part cette phrase qui juge et condamne cette méthode : « Ce qu'on appelle le monde dérobe les caractères. Personne ne s'y montre dans sa vérité : chacun veut briller et cache tout ce qui pourrait l'en empêcher. On se ment les uns les autres par devoir et avec une sorte d'ingénuité. Ainsi se forment entre jeunes gens des sympathies qui finissent en mariages et qu'une année de vie conjugale change en vigoureuse antipathie ».

Charles Nordmann, critiquant la société ainsi composée, a dit d'elle : « C'est une petite phalange de gens raffinés qui ont la plus élégante manière de ne savoir ni penser ni agir ».

A cette uniformité dans l'éducation, à cette manière impersonnelle d'apprendre à plaire, j'oppose sans crainte mon système, qui consiste à vouloir se faire aimer par le développement des qualités du cœur, et c'est pourquoi je tiens pour certain que le développement de la culture de la coquetterie, prise dans le sens de la volonté de réformer ses défauts et de chercher à devenir meilleur, est la plus profitable des méthodes d'éducation. Je n'ai voulu énoncer cette idée que pour en conseiller l'application dans l'exercice de la vie commerciale. Cependant quelles ressources elle peut apporter dans la pratique de la vie tout court.

Que les jeunes gens qui me liront se donnent la peine d'y réfléchir, et, à l'occasion, d'essàyer...

Il est encore une qualité dont l'importance est sans égale pour un commerçant en général et pour toute personne qui veut réussir dans la vie, quelque carrière qu'elle ait choisie : c'est l'honnêteté.

A la base de l'éducation de tous les enfants, dans toutes les sociétés et à toutes les époques, on trouve l'enseignement et la culture de l'honnêteté.

L'enfant apprend d'ailleurs à être honnête de la manière la plus naturelle, celle qui vaut mieux que toutes les doctrines : l'exemple. Sauf dans les bas-fonds de la société, il voit la pratique de l'honnêteté dans sa famille et la droiture lui apparaît comme la loi normale. Il peut lui arriver, parfois, d'avoir un léger fléchissement, mais alors le redressement s'impose et il doit être assez vigoureux pour frapper l'imagination et demeurer dans la mémoire.

A propos de redressement qu'il me soit permis de raconter une petite aventure dont un de mes frères fut le héros. Elle ne manque pas de saveur.

Mon frère avait douze ans alors. Nous nous promenions tous deux à travers le marché de la ville quand nous frôlâmes une voiture chargée de pommes. Quelques-uns de ces fruits avaient roulé par terre, à un mètre ou deux de la voiture. Sans réfléchir davantage et considérant sans doute que puisqu'elles étaient à terre, ces pommes n'étaient à personne, mon frère les ramassa et en bourra ses poches. Là-dessus nous reprîmes le chemin de la maison.

Par malheur pour mon frère, nous rencontrâmes notre père qui fut tout de suite intrigué par le volume anormal de ses poches. Questionné sur cette anomalie, mon frère montra les fruits. Mon père lui demanda aussitôt qui les lui avait donnés.

— Je les ai ramassés par terre, au marché, répondit mon frère. Et il expliqua dans quelles circonstances, disant qu'il ne croyait pas avoir mal fait.

Mais mon père ne l'entendit pas de cette oreille. Il répliqua que les pommes tombées par terre appartenaient au propriétaire de la voiture, que nul n'avait le droit de se les approprier sans l'autorisation de ce propriétaire, et l'obligea à les lui rapporter immédiatement.

Sur ce, nous reprîmes le chemin de la maison, mon frère l'oreille basse et très inquiet sur la suite de l'affaire, car il connaissait la sévérité de mon père et sa rigueur de principe.

Cependant on se mit à table pour déjeuner — l'affaire des pommes s'étant passée le matin — et mon frère, le cœur gros, fut contraint de faire comme tout le monde. Mais le déjeuner terminé, mon père rassembla la famille, fit venir toute la domesticité et, quand tout le monde fut réuni, il administra à mon frère une magistrale fessée. (A cette époque les punitions corporelles faisaient encore partie des méthodes d'éducation).

La rareté d'un tel événement dans la famille, la solennité de la correction devaient suffire à frapper l'esprit de mon frère et à lui montrer quelle était la conception paternelle de la stricte honnêteté. De fait, il n'a jamais oublié cette petite aventure.

Après cet exemple, je considèrerais comme un lieu commun de dire que l'honnêteté représente la base même de toute réussite en affaires. Ma vie est assez longue déjà et j'ai acquis assez d'expérience pour pouvoir affirmer que le malhonnête homme est avant tout un maladroit qui va à l'encontre de ses véritables intérêts et qui, tôt ou tard, inévitablement, sombre.

Cependant, en ai-je rencontré dans mon existence, de ces êtres pour lesquels l'honneur, l'honnêteté et même le simple sens moral étaient des vertus encombrantes ! Ceux-là, quand une faute plus grave ne les a pas perdus, se sont adaptés à la vie et aux lois de manière à toujours côtoyer le Code pénal sans cependant rien faire qui tombe réellement sous son application. Je tiens ces gens, qui n'ont même pas la franchise d'être de parfaits gredins, pour les êtres les plus méprisables du monde.

Je puis me vanter cependant d'avoir pu inculquer à quelques-uns de ceux qui se sont trouvés sur ma route cette vérité qu'en admettant que l'honnêteté ne soit pas une vertu naturelle, on doit être assez intelligent pour comprendre qu'on n'a rien inventé de plus avantageux pour réussir dans l'existence et qu'il est habile de la cultiver comme on cultive une bonne affaire.

On m'objectera que ce principe est bien rigide et qu'il y a cependant des cas, dans la vie, où l'honnêteté se trouve quelque peu négligée. La nécessité, la faim souvent, sont responsables de la défaillance passagère, qui, chez les âmes solidement trempées, se borne généralement à demeurer une petite incorrection, répréhensible certes, en morale pure, mais qui n'entame pas le fond d'honnêteté naturel de celui qui s'y laisse aller.

Je doute, au surplus, que celui qu'on est convenu d'appeler un « self made man » vive toute une existence laborieuse sans avoir à se reprocher la moindre incorrection. S'il en cherche dans sa mémoire, il les trouve le plus souvent à l'époque de ses débuts, où les difficultés étaient plus grandes. Kant, moraliste impeccable, disait : « Ne commets nulle action qui ne puisse servir de règle à ton semblable ». Est-ce aussi facile dans la vie réelle que l'enseigne une magnifique doctrine philosophique ?

Qu'on me permette de raconter encore ici une petite anecdote personnelle, et avant de me jeter la pierre, consultez ami lecteur, votre conscience et vos souvenirs. Combien y a-t-il de gens sur cette terre qui puissent dire tout haut que jamais, au grand jamais, ils n'ont commis la moindre incorrection ? Un apologue enseigne que bien rares sont ceux qui hésiteraient à presser sur le bouton qui leur donnerait immédiatement la réalisation de leur plus cher désir, même s'ils savaient qu'à l'autre bout du monde, au fond de la Chine, un être humain inconnu paye de sa vie ce petit geste. Mais voici mon anecdote.

J'étais encore très jeune à l'époque lointaine où elle se place.

Un dimanche matin, je me réveille de très mauvaise humeur. C'est qu'en ouvrant les yeux, l'idée qu'il me restait 4 fr. 50 pour toute fortune, obséda immédiatement mon cerveau. J'avais quelques petites dettes, pas le moindre crédit au restaurant, et c'était un dimanche. Comment se débrouiller ? Il fallait y réussir, cependant, coûte que coûte. J'ouvre machinalement le *Moniteur des Ventes* et j'y lis qu'une vente doit avoir lieu du côté de Garches. D'après l'énumération, le mobilier me paraît assez important et curieux. Je décide aussitôt de m'y rendre. Je déjeune plus que sommairement, je me rends à la gare Saint-Lazare, je prends un billet d'aller et retour pour Garches, et je fais mes comptes : il me reste 0 fr. 70. Du diable si je puis acheter de quoi me tirer d'affaire, avec une si piètre somme·

J'arrive enfin sur les lieux où doit se faire la vente. Il y a beaucoup de monde. Je regarde le mobilier. Il est en effet très curieux : c'est celui d'un colonial de goût qui a rapporté de ses voyages des pièces intéressantes.

Précisément le commissaire-priseur mettait en vente un salon en « moucharabi ». Le lot étant trop important pour trouver acquéreur en une seule fois,

il annonçait que la vente se ferait par lots décompo-
sés : deux fauteuils d'abord, puis deux chaises, puis,
pour finir, le canapé. En tout trois lots, qui, dans la
suite, devaient n'en faire qu'un, au cas où il pourrait
se vendre plus cher que les trois lots séparés.

J'avais déjà une certaine expérience des ventes
de ce genre. Je savais que malgré les adjudications
séparées le salon finissait toujours par être repris
à un prix supérieur, par une seule et même personne.

Et aussitôt cette idée me vint que, puisque je ne
pouvais prétendre à rien acheter effectivement pour
moi, avec la somme ridicule que je possédais, je
pourrais peut-être réaliser un petit bénéfice sur l'un
des lots du salon, et ce, sans bourse délier.

Les deux fauteuils sont mis en vente. Avec énormément d'assurance je pousse les premières enchères.
Quelqu'un surenchérit. Je surenchéris de nouveau.
Finalement les deux fauteuils me restent pour
80 francs. Les fauteuils adjugés, le commissaire-
priseur met en vente les deux chaises. Je me trou-
vais placé, à ce moment, à côté de celui qui m'avait
disputé les deux fauteuils.

Je le connaissais un peu. C'était M. B... qui est
devenu depuis un antiquaire fort connu à Paris.
A cette époque il n'était qu'un petit marchand de
meubles orientaux.

Visiblement agacé par mes enchères, car il comptait évidemment acquérir la majeure partie de ce
mobilier oriental sans avoir à le disputer à aucun
amateur, il finit par m'interpeller.

— Est-ce pour votre compte que vous achetez, me demanda-t-il, ou pour le compte d'une tierce personne ?

— C'est uniquement pour mon compte, répondis-je avec assurance, et dans le but de faire une affaire.

Mon interlocuteur réfléchit un instant et soudain me dit :

— Eh ! bien, voulez-vous que nous achetions de compte à demi ?

A cette proposition mon cœur tressaillit de joie. Je ne pouvais espérer davantage. Je dissimulai cependant ma satisfaction et nous restâmes côte à côte.

A la fin de la vente nous avions acheté de moitié chacun pour plus de 2.000 francs de meubles.

Au moment du règlement je payai d'audace et j'offris de régler le tout, mais M. B... s'y étant opposé, je n'insistai pas, et pour cause.

J'ajoutai seulement que je désirais que les marchandises achetées fussent le lendemain chez mon associé, à son magasin de vente, rue de Richelieu, et non à sa maison de campagne. Ceci me fut promis. Nous n'avions plus qu'à rentrer à Paris. Avant de reprendre notre train, j'offris une consommation à M. B... Par une chance inespérée il ne commanda qu'un bock. J'en fis autant. En ces temps heureux les bocks coûtaient 0 fr. 30 ! Je payai : je donnai royalement les deux sous de pourboire qui me restaient et je pris le chemin de la gare les poches aussi légères que le cœur.

Je dormis très mal la nuit suivante, soit par suite des émotions de la journée, soit parce que j'avais le ventre vide. Je n'avais pas dîné en effet et mon léger déjeuner du dimanche était loin.

Je m'habillai de bon matin. Je mis mon plus bel habit et, peut-être à tort, mon chapeau haut de forme. Le chapeau de soie n'était-il pas alors obligatoire dans les grandes occasions. Sans trop de hâte je me dirigeai vers la rue de Richelieu.

Arrivé dans la boutique de M. B... je constatai immédiatement, avec une véritable joie, que les meubles acquis la veille n'y étaient pas. Ceci me donnait l'occasion de me montrer très mécontent du manque à la parole donnée.

Ma position était excellente et je m'en rendais compte. Il ne me restait qu'à en tirer le meilleur parti possible.

J'en étais là de mes réflexions quand arriva du fond de la boutique le père de mon associé, un petit vieillard coiffé d'un fez et le nez chargé de grosses lunettes. Il me toisa, me fixa, m'examina, me jaugea si l'on peut dire, et, après m'avoir expliqué qu'il désirait garder nos achats de la veille pour lui seul il me déclara qu'il allait me donner ma part de bénéfices.

Il mit la main dans sa poche, y fouilla longuement et tout à coup me tendit un louis. Je le regardai avec autant de stupéfaction que d'indignation.

M. B... comprit que, tout de même, ce louis ne représentait pas la part qui m'était légitimement due, et faisant un effort, il y ajouta une pièce de cinq francs.

Mais je ne pris ni le louis d'or ni la pièce d'argent et je me laissai aller à une véritable colère. Or, il arriva ceci, c'est que selon le ton de ma voix et les éclats de cette colère, M. B... ajouta successivement au louis primitivement offert, tantôt 10 francs, tantôt 5 francs.

Finalement, après trois quarts d'heure de lutte opiniâtre, il ajouta vingt francs, comme pour en finir, aux pièces déjà offertes : cela faisait au total 80 francs.

Pour le coup mon énergie combative tomba. J'avais pris la somme offerte. Elle me brûlait les mains. Jamais encore je n'avais gagné tant d'argent à la fois. Et tout à coup sans dire un mot de plus, sans songer même à dire « au revoir » à l'homme au fez ni à son fils, je pris la porte et je partis. A peine étais-je sur le trottoir, qu'obéissant à je ne saurais dire quel sentiment, je me mis à courir comme un fou. De l'angle du boulevard Montmartre je courus jusqu'à la Bastille sans me soucier des gens qui me regardaient et, comme ma fièvre n'était pas calmée, je revins, toujours courant, jusqu'à la place de la République. Là je m'arrêtai enfin, essoufflé et je rentrai chez moi.

# III



L'art de plaire n'est pas l'unique secret du succès commercial.

La réussite en affaires est le résultat de qualités exceptionnelles dont j'aurai l'occasion de parler, mais il est incontestable que le hasard, ou si l'on veut, la chance, jouent souvent, dans tout succès un rôle prépondérant.

La première des chances est de naître avec les qualités intellectuelles et morales qui facilitent le succés. La légende de la fée qui vient déposer dans le berceau du nouveau-né les dons les plus riches ou les plus mauvais n'est pas un mythe ridicule. Il est certain que l'enfant à qui le hasard aura donné en naissant une grande intelligence, du sens pratique, de la droiture, du sérieux, sera plus facilement éduquable que celui à qui la nature aura conféré de mauvais instincts.

Devenu homme, aux prises avec l'existence, il apportera toutes ses qualités naturelles, consolidées par l'éducation et l'instruction, au service de ses affaires et verra presque à coup sûr le succès couronner ses efforts.

Les chances sont multiples et se superposent : elles n'ont pas la même valeur sous tous les cieux.

A. qualités naturelles égales, il est plus heureux d'être né en Amérique, en Angleterre, en France, qu'en Afrique Centrale : de plain-pied on bénéficie de l'organisation sociale qui régit les pays de vieille civilisation et les trésors d'expérience, accumulés par des siècles antérieurs de travail, permettent l'utilisation plus directe et plus sûre des dons de l'intelligence.

L'époque à laquelle on apparaît sur la terre, les événements qui secouent le monde à ce même moment, fournissent eux aussi, un nombre plus ou moins grand de chances de réussite. Il en est de même de l'endroit où sont installées les affaires dont on s'occupe, par rapport à ces événements. Il suffit d'un tremblement de terre pour détruire la maison de commerce prospère qu'on a eu l'idée de fonder en un point quelconque du globe. Une grève, qui parfois se rattache à un lointain mouvement social, peut ruiner une exploitation dans laquelle on a risqué son expérience, ses qualités, son argent.

Une révolution — la Russie en a fourni d'innombrables exemples — précipite celui qui se croyait le plus sûr de l'avenir, de la prospérité dans la ruine la plus noire. La guerre, par contre, qui emporte dans ses ravages des villes entières avec toute la fortune acquise par ses habitants, offre à d'autres des moyens prodigieux de réaliser des fortunes. Question de chance encore !

L'homme qui posséderait les plus étonnantes qualités pour arriver à la richesse n'aurait aucune chance actuellement de les utiliser au pays des Soviets. La force des événements, dans ce cas, comme dans bien d'autres, dépasse et écrase impitoyablement toutes les qualités naturelles de l'individu.

Il ne faut cependant pas pousser ce raisonnement à l'extrême, car on arriverait à considérer que la fatalité régit les affaires.

Il faut laisser aux Arabes cette conception absurde des choses. L'homme qui possède les puissantes qualités créatrices de réussite, sans prétendre diriger les événements sociaux, se laissera rarement tout à fait dominer par eux. Ou il les aura prévus et saura s'en garer, ou il les examinera avec prudence, jugera ce qu'ils doivent apporter d'irrémédiable, ce qu'ils peuvent donner de réalisable, fera une sorte de bilan des chances bonnes et mauvaises qui s'y trouvent pour ses affaires, cherchera l'occasion de profiter de ce qui pourra se présenter d'heureux, persévèrera dans l'exploitation du moindre filon utilisable qui se révèlera et réussira ainsi, bien souvent, à se tirer d'affaires là où d'autres moins bien doués que lui et moins courageux, sombreraient.

La vie, à de certains moments, est assez semblable à un torrent tumultueux qui emporte un homme accroché à une épave. La violence du courant est si terrible qu'il ne lui est pas possible d'y résister. L'épave est un jouet qui saute comme un bouchon parmi les vagues et tourbillonne dans les remous. L'homme risque à chaque instant d'être englouti sous les flots ou broyé contre les rochers. Rien à faire contre cette force déchaînée... Si cependant.

L'homme, le « roseau pensant » concentre toutes les facultés de son intelligence, déploie toute son adresse, surveille les moindres chances de secours qui passent à sa portée. Un madrier lui permet de s'éloigner d'un écueil, une branche l'aide à s'écarter légèrement du torrent... Le voici déjà qui peut respirer plus librement. Des débris accumulés dans un coin où l'eau est moins furieuse se présentent : il s'y accroche. La rive est maintenant moins lointaine. De lourdes pièces de bois passent... Résolument il abandonne son épave... Bientôt il les manœuvre, les dirige et soudain un bas-fond se présente... Un dernier effort, et le voici sur la terre ferme; il est sauvé!

Celui-là, sans doute, a eu la chance de trouver à sa portée des madriers, des branchages, des pièces de bois, mais se serait-il sauvé s'il n'avait eu l'*idée* et le *courage* d'utiliser au mieux cette chance qui lui arrivait !

Il ne faut donc pas nier la chance. Elle existe en tous temps, mais c'est aux époques désespérées, quand tout semble crouler, quand l'homme n'est plus qu'un joujou ballotté par les événements qu'elle semble plus prodigieuse.

Il n'en est pas de même dans l'ordinaire de la vie. Tenter la chance à l'excès devient une faute. Il ne faut pas considérer en effet la vie comme un jeu où l'on peut jouer quitte ou double à tous les coups, car dans ce cas on peut réussir une fois, deux fois, trois fois peut-être, mais il y a toujours un moment où fatalement l'on perd.

Tenter le sort indéfiniment, recommencer perpétuellement sa vie dans l'espoir de mieux réussir est une chimère et je crois, pour ma part, qu'à partir du moment où un homme a trouvé sa voie, le mieux pour lui est d'y persévérer. Le succès est au bout s'il sait appliquer tous ses dons à l'étude de sa profession et son intelligence à profiter des possibilités qui s'offriront à lui dans ce domaine déterminé !

Il acquèrera rapidement une expérience si parfaite, il atteindra dans sa partie une telle sûreté de coup d'œil et une telle perfection de jugement que tout lui deviendra facile et que les chances de réussite augmenteront pour lui au fur et à mesure qu'il prendra davantage conscience de son expérience, de sa valeur, de sa force.

Il faut si peu de chose parfois pour attirer sur soi le sourire de la fortune et si peu de chose aussi pour voir crouler l'échafaudage le plus solidement construit. Le nez de Cléopâtre a changé la face du monde, un grain de sable arrête une formidable machine. Un rien provoque une ruine. Un rien ! ceci me rap-_pelle les vers charmants d'un poète du xviii<sup>e</sup> siècle, particulièrement spirituel, l'aimable Panard. Les voici :

> Un rien est de grande importance.
> Un rien produit de grands effets.
> En amour, en guerre, en procès,
> Un rien fait pencher la balance.
> Un rien nous pousse auprès des grands,
> Un rien nous fait aimer des belles,
> Un rien fait sortir nos talents,
> Un rien dérange nos cervelles.
> D'un rien de plus, d'un rien de moins
> Dépend le succès de nos soins.
> Un rien flatte quand on espère,
> Un rien trouble lorsque l'on craint ;
> Amour ton feu ne dure guère,
> Un rien l'allume, un rien l'éteint.

On dit souvent de quelqu'un qui a fait fortune : « En a-t-il de la chance celui-là, d'avoir réussi ». Chance ! Évidemment ! Mais sous quelle forme s'est-elle présentée ? Ne l'a-t-il pas, le plus souvent, provoquée ?

Ceci m'amène à dégager ici la valeur de l'idée.

Presque toujours, en effet, à la base d'une grande réussite on trouve une idée, qui n'était pas venue à un autre, et que celui-là seul qui a fait fortune a eue, à l'instant précis de l'histoire de l'activité humaine où elle représentait une nouveauté réelle et répondait à une nécessité réalisable.

Il n'y a qu'à regarder autour de soi pour trouver des exemples nombreux. L'un des plus curieux est peut-être celui-ci. Je m'empresse de dire qu'il s'agit d'une idée mise en pratique en Amérique, pays où les idées neuves ayant donné naissance à de grosses fortunes sont nombreuses.

Dans cette étonnante ville de Détroit, qui est l'une des plus grandes de l'Amérique, se trouve un magasin de graineterie de détail qui n'a même pas une vitrine sur la rue. Par contre, il occupe des bâtiments à multiples étages, certainement plus vastes que la *Belle Jardinière* et la *Samaritaine* réunies. Le propriétaire, dont les ancêtres étaient Français, se nomme Ferry. La graineterie .Ferry vend des semences de tous les végétaux que l'homme peut avoir le désir de faire pousser ou fleurir. A cet effet, elle possède, sous tous les climats des États-Unis et d'autres pays encore, des champs de culture où s'obtiennent ces graines, qui sont envoyées au fur et à mesure à la maison-mère de Détroit.

Là, dans les rez-de-chaussée et les sous-sols, se meuvent une multitude d'appareils de nettoyage, de triage et de classification de tous ces envois. En vain, ferait-on plusieurs fois le tour de la planète, on ne trouverait pas ailleurs une telle variété de semences. Ces semences sont mises automatiquement dans des petits sacs pour être expédiées.

M. Ferry en vend chaque année pour huit à dix

millions de dollars ; mais on perdrait son temps à aller lui demander une balle de 50 livres. D'une centaine de ces sacs prélevés dans divers casiers, il remplit une élégante caisse de bois dur qui comporte cent compartiments séparés. Fermée, cette caisse mesure environ 90 centimètres de long sur 40 centimètres de côté. Elle est construite de telle sorte que, quand on l'ouvre, elle offre un étalage en gradins de tous les sacs, avec la vignette, bien apparente, sur laquelle sont inscrits le nom de la graine et le dessin colorié de la plante ou de la fleur qu'elle doit produire.

La maison possède plusieurs centaines de mille de caisses mathématiquement semblables.

Chaque jour elle expédie d'office à quelques milliers de clients quelques milliers de ces caisses, remplies chacune de graines diverses dont les variétés sont enregistrées à côté du nom du destinataire ; M. Ferry a soin d'envoyer autant que possible à chaque client la collection de graines appropriées au climat régissant le pays où il réside. Tous les envois sont franco de port. La seule observation qui accompagne la fiche d'expédition est que le client — qui n'a rien à payer — devra soigneusement garder les sacs de graines qu'il n'aura pas utilisés ou revendus.

Six mois plus tard, un voyageur passe chez les destinataires et leur demande quelles semences ils ont utilisées, réclame le payement de ces graines et le renvoi, en port dû, de la caisse contenant les invendues.

Le retour de ces graines invendues constitue par différence le barème commercial, pour ainsi dire, de la végétation domestique dans chaque région des États-Unis, puisqu'il indique quelles semences se vendent et quelles autres restent pour compte. On en prend note rigoureusement, et, dans les envois subséquents, on remplira, sauf avis contraire, la caisse uniquement des espèces de graines vendues précédemment.

Voici de l'ingéniosité commerciale admirable et d'en avoir eu l'idée M. Ferry a réalisé une colossale fortune.

Invariablement à la base de toute grande fortune on trouve une idée ingénieuse ou originale, exploitée avec audace et ténacité. Je n'entends pas refaire ici l'histoire de toutes les grandes fortunes du globe, mais il en est quelques-unes qui montrent avec plus de force la vérité de ma thèse. Je me bornerai donc à rappeler les plus curieuses.

L'une des plus riches et des plus puissantes familles de l'aristocratie territoriale anglaise est en grande partie redevable de sa fortune et de sa grandeur à l'audace et à la persévérance de son ancêtre, William Phipps qui n'était rien autre chose qu'un petit charpentier américain.

William Phipps, qui devait fonder l'illustre maison des marquis de Normandy, pairs d'Angleterre, était le dix-neuvième enfant d'un ouvrier fondeur de Woolich, qui en avait 26. De bonne heure, il dut quitter la maison paternelle pour entrer comme berger au service d'un fermier du Maine. La vie sédentaire ne fut pas longtemps du goût du jeune berger. Il rêvait voyages, explorations, fortune rapide. Il chercha à s'embarquer mais ne réussit, tout d'abord, qu'à entrer chez un charpentier de navires. Sa jeunesse se passa ainsi. A vingt-deux ans il épousait une veuve assez riche et devenait propriétaire du chantier où il travaillait. Mais l'idée des aventures et de la grande fortune le hantait toujours.

Un matin, sur le quai de Boston, il surprit une conversation entre deux matelots. Ceux-ci parlaient d'un vaisseau espagnol coulé par les pirates, près de Bahama, avec un riche chargement. Son parti fut vite pris. Il se mettrait à la recherche de l'épave.

Sans hésiter, il vendit son chantier, acheta un navire, enrôla un équipage d'aventuriers et partit. Soit hasard, soit habileté, il trouva ce qu'il cherchait. Du navire coulé il retira une grande partie du chargement et bon nombre de sacs de doublons. Certains se seraient contenté de la respectable fortune ainsi arrachée à la mer. Phipps fut seulement mis en appétit.

Il apprenait peu après qu'un autre navire s'était perdu, cinquante ans auparavant, près de Port-de-la-Plata, avec un chargement de lingots d'or et d'argent. Mais cette fois l'aventure était d'importance et même en y engageant tout ce qu'il possédait, il n'avait pas de moyens assez puissants pour une expédition qui s'annonçait longue et difficile. Il se rendit aussitôt à Londres pour demander assistance au Gouvernement anglais. Les aventuriers étaient toujours bien accueillis à la cour du roi Charles II qui, toujours à court d'argent, écoutait volontiers ceux qui lui proposaient des moyens de s'en procurer.

Charles II mit donc à la disposition de Phipps un navire de guerre de cent hommes d'équipage.

Voilà celui-ci parti pour les mers du Sud, longeant les côtes, draguant le fond de la mer. Des jours et des jours passèrent sans résultat. Découragé l'équipage se révolta et William Phipps dut rentrer en Angleterre. Il rechercha le moyen de recommencer l'expédition et se heurta à un refus. Pendant plusieurs années il sollicita en vain, connut toutes les luttes et toutes les misères. A force de patience et de ténacité il réussit à persuader le duc d'Albemarle qui lui fournit un nouveau navire et le voilà reparti.

Instruit par l'expérience, notre aventurier mûrit des plans, inventa et fabriqua la première cloche à plongeur, recruta des Indiens pêcheurs de perles, fit construire une forte chaloupe pour fouiller les anses de la côte et reprit ses recherches au point où il les avait abandonnées quatre ans auparavant. Pendant des semaines, il explora, décidé à se suicider si cette fois encore, il ne réussissait pas.

Un jour, penché sur le bastingage de son navire, il aperçut une sorte d'algue qu'il né connaissait pas. Il donna ordre à un plongeur de la lui chercher.

Le plongeur obéit et rapporta, non une algue, mais un bout de cordage couvert de végétation. Il ajouta avoir entrevu, sur un fond de sable quelque chose qui ressemblait à un canon.

En un instant, la cloche à plongeur était prête. L'Indien le plus expérimenté y prit place et descendit sous l'eau. Peu après il remontait tenant dans ses mains une barre d'argent massif.

— Dieu soit loué, s'écria Phipps, notre fortune est faite.

Tout l'équipage se mit dès lors à la besogne avec ardeur. En quelques jours 300.000 livres sterling, en lingots d'or et d'argent avaient passé du fond de la mer à bord du navire.

Le retour à Londres de Phipps fut triomphal, mais il eut encore à lutter, car les conseillers de Charles II prétendirent que le souverain, ayant droit régalien, sur les épaves recueillies par des navires sous son pavillon, les lingots lui appartenaient. Fort heureusement pour William Phipps, Charles II était plus équitable que ses conseillers. Il lui laissa ses lingots et, mieux, l'anoblit et le nomma grand shériff de la nouvelle Angleterre. Devenu plus tard gouverneur du Massachussets il acheta des terres qui décuplèrent de valeur et transmit à ses héritiers depuis marquis de Normandy, une des plus grandes fortunes de ce monde avant la naissance des colossales fortunes américaines.

De celles-là, l'une des plus importantes et des plus curieuse est celle que réalisa Cornelius Vanderbilt, le roi des bateaux à vapeur. Second fils d'un modeste fermier de l'État de New-York, le jeune Vanderbilt dût de bonne heure se suffire à lui-même. Il commença par convoyer des passagers, sur un chaland, d'une rive à l'autre de l'Hudson. Bon marin, hardi, courageux, il se vit confier, par les autorités militaires de New-York, pendant la guerre de 1812, le soin de ravitailler les six forts qui couvraient la ville. A 23 ans il possédait 9.000 dollars et plusieurs chaloupes à voiles.

L'apparition sur l'Hudson des premiers bateaux à vapeur de Fulton et Livingston lui fit comprendre la supériorité de ce nouveau mode de transport. Dès lors sa vocation était décidée. Avec un premier bateau à vapeur qu'il acquit d'un nommé Gibbons, il entreprit de lutter seul contre le monopole octroyé par l'État à Fulton et Livingston. Réduisant les prix, multipliant les passages, il fit prospérer son entreprise et, dès 1829, il possédait toute une flotte. Dès lors sans cesse il accroît sa fortune et dès 1846 on le trouve coté parmi les principaux citoyens de New-York avec une fortune de 750.000 dollars.

Il avait treize enfants qu'il éleva durement, car despote par tempérament, il gouvernait sa famille avec une main de fer. Homme d'affaires de premier ordre, il était toujours à l'affût de ce qui pouvait l'enrichir davantage. En 1848, la découverte des mines d'or sur les rives du Sacramento provoque une émigration considérable. La Compagnie du Pacifique, en possession du transit par Panama, transportait les voyageurs à raison de 600 dollars de New-York à San-Francisco. Vanderbilt créa une concurrence à moitié prix par Nicaragua. La ligne nouvelle lui rapporta annuellement cinq millions. Quelques années plus tard, il était l'homme le plus riche des États-Unis.

Il avait 70 ans, quand, renonçant tout à coup à la navigation, il vendit sa flotte et tourna son activité vers les chemins de fer. Ses amis lui dirent qu'il allait compromettre sa fortune. Mais ils connaissaient mal le « Commodore » comme on l'appelait. Il opéra si habilement, qu'en quelques années il doubla son immense fortune, achetant le chemin de fer de Harlen en 1862, celui de l'Hudson en 1863, les lignes du Central et de l'Érié en 1864. Aussi pouvait-il dire avec orgueil à 81 ans : « Depuis que je suis né, j'ai gagné en moyenne un million de dollars par an, mais ce qui me plaît le plus c'est que j'en ai fait gagner chaque année, trois fois autant à mes concitoyens. »

A cette époque Cornelius Vanderbilt était l'homme le plus riche du monde.

Quand il mourut, il laissait à son fils aîné 450 millions de francs et distribuait des fortunes royales en legs particuliers.

Ce fils, William, habile administrateur, mais de santé médiocre, fit encore prospérer la fortune paternelle, mais sans en jouir personnellement. C'est lui qui écrivait ces lignes mélancoliques, bien faites pour faire rêver ceux qui, comme lui ont atteint la grande richesse, au prix d'un labeur opiniâtre :

« Une fortune de 200 millions de dollars est un fardeau trop lourd pour un homme. Ce poids m'écrase et me tue. Je ne veux pas imposer une pareille charge à un de mes fils. Je n'en recueille aucun plaisir, je n'en retire aucun bien. En quoi suis-je plus heureux que mon voisin qui ne possède qu'un demi-million ? Il goûte mieux que moi les vraies jouissances de la vie. Sa maison vaut la mienne, sa santé est meilleure, il vivra plus longtemps et lui, du moins, peut se fier à ses amis. »

Selon une expression anglaise : « Le courant qui s'offre à chaque homme, saisi à temps, le mène infailliblement au succès ». Thomas Brassey, financier, est un de ceux dont la vie montre le mieux la vérité de cet axiome. Né en 1805 à Buerton (Grande-Bretagne), Thomas Brassey a réalisé en quelques années l'une des plus grosses fortunes du début du siècle dernier pour avoir compris l'un des premiers le rôle important que les voies ferrées naissantes allaient jouer dans le mouvement commercial et industriel. Il se lia d'abord avec Georges Stephenson, le grand ingénieur. Tout, alors, était à créer, à organiser. Il fallait recruter dans les champs, dans les mines et dans les ports des équipes de manœuvres inexpérimentés, surveiller l'exécution de leur tâche, former des contremaîtres capables de les diriger. La nature du sol, les courbes et les rampes, le degré de résistance des matériaux employés, le percement des tunnels, le creusement des tranchées, la consolidation des remblais, autant de problèmes qui s'imposaient successivement à l'entrepreneur, qu'il lui fallait résoudre promptement, toute erreur entraînant de grosses pertes. De plus, la construction des premières voies ferrées exigeait un matériel énorme. Pour les transporter sur les chantiers, on n'avait pas, comme aujourd'hui, la ressource des voies latérales ; force était de s'assurer une cavalerie nombreuse, des wagons et des prolonges en quantité considérable pour charrier les terres et pourvoir à l'approvisionnement des ouvriers.

Avec une intelligence extraordinaire, Thomas Brassey créa tout, pourvut à tout.

Il fit naître une véritable armée ouvrière, choisissant parmi ses meilleurs manœuvres ceux qui pouvaient diriger une équipe, s'affranchissant peu à peu de ce qui pouvait lui faire perdre un temps précieux, se réservant pour la direction suprême. Bientôt pourvu d'un état-major compétent, il devint dès 1845 le plus grand entrepreneur du monde. C'est lui qui construisit les voies ferrées anglaises, puis bientôt une grande partie des voies ferrées françaises, autrichiennes, canadiennes, polonaises, indiennes.

On peut se faire une idée de l'énormité de ses entreprises par le fait qu'il déclarait lui-même avoir exécuté pour 160 millions de livres sterling (4 milliards de francs au cours d'alors) de travaux. Peu d'hommes peuvent se vanter, comme Brassey, d'avoir eu 80.000 ouvriers sous sa direction et payé en salaires plus de 2 milliards de francs.

La vie des Bass, des Gould, des Carnegie, des John Brown, des Josiah Mason et de tant d'autres qui ont réalisé de colossales fortunes est également un véritable roman de l'énergie, de l'ingéniosité, de l'intelligence des circonstances. Un trait commun lie tous ces hommes qui, partis de la plus humble condition, furent placés parmi les plus riches de la terre. Tous, vers la fin de leurs laborieuses existences furent bons et charitables, soulageant les infortunes autour d'eux, aidant de leurs deniers ceux qui firent appel à leur cœur pour tenter à leur tour de réussir dans la vie, affectant des sommes considérables aux œuvres philanthropiques. De tous on peut dire qu'ils se souvinrent dans la prospérité du temps où ils eurent tant de peine à gagner leurs premiers sous, qu'ils gardèrent de leur enfance pénible un grand fond d'amour et de compassion pour les petits, les humbles, les maltraités de l'existence, et que nul sur terre, ne fut plus généreux qu'eux. Peut-on faire d'eux plus bel éloge. Passer par les plus rudes épreuves, puis connaître la griserie de l'incalculable fortune et cependant garder la tendresse du cœur, n'est-ce point la marque même de la plus réelle supériorité ?

S'il n'est pas donné à tout le monde d'avoir des idées aussi extraordinaires pour arriver à la richesse que les Phipps, les Vanderbilt, les Brassey, les dées qui permettent de transformer une somme modeste en une petite fortune sont plus courantes.

Assez nombreux sont ceux qui ont songé à acheter chaque année, aux différents salons, quelques tableaux d'un grand maître ou d'un même genre et qui ont constitué à la longue une galerie ayant une valeur considérable. Un Parisien connu n'a-t-il pas commencé, voici une quarantaine d'années à acheter ainsi les plus belles toiles impressionnistes qu'il remarquait à chaque salon. Elles ne valaient pas très cher alors. Les Cézanne, les Claude Monet, les Th. Rousseau, les Manet, les d'Espagnat s'accumulèrent chez lui, et cette collection qui ne lui coûta que quelques dizaines de mille francs, en vaut aujourd'hui des centaines.

M. Arthur Meyer, le sympathique doyen de la presse parisienne, a, dans un autre domaine, réalisé une idée fort originale. Il s'est constitué une bibliothèque qui n'a pas sa pareille dans le monde entier et qui pour cela même a une valeur inestimable. Non point que les livres qui la composent soient des éditions particulièrement rares. Ce sont de belles éditions splendidement reliées, tout simplement. Mais dans chacun de ces livres la page de garde porte une illustration — aquarelle, dessin à la plume ou gouache — qui est l'œuvre originale d'un grand peintre, et un autographe authentique d'un des héros du volume ou de l'auteur, ou souvent des deux, sont reliés à la page suivante.

M. Arthur Meyer, a, ainsi, près de sept cents volumes qui représentent, dans tous les genres, les chefs-d'œuvre de toutes les littératures. Ce n'est pas banal. Cela ne lui a guère coûté que la peine d'en avoir l'idée Cette originale bibliothèque vaut maintenant plusieurs millions. Lui-même en dit volontiers, en souriant : « C'est la dot de mes filles ».

Mais un conseil en passant : En affaires, il n'y a pas d'amis, dit-on. La vie démontre tous les jours la fausseté de cet axiome. Le sentiment a sa place en affaires, et il faut qu'il l'aie. Personne ne doit oublier que sentiment s'écrit avec un S et non avec un C comme s'écrit le mot anglais *cents,* qui est le nom d'une monnaie américaine.

L'homme qui a une idée susceptible de se transformer en richesse est un citoyen utile à son pays. On l'oublie trop souvent. Quiconque par la seule force de son intelligence suscite un nouveau foyer d'activité économique fournit à d'autres de nouveaux moyens de travail et procure la possibilité de vivre et souvent de créer de l'aisance autour de lui. C'est une loi générale. Il lui arrive même dans certains cas particuliers d'arracher à l'étranger tout un marché et d'en faire profiter son pays. C'est ce qui est arrivé pour les perles.

On voudra bien reconnaître avec moi que ceux qui donnent des conseils sans les accompagner d'éxemples ressemblent à ces poteaux de la campagne qui indiquent les chemins sans les parcourir.

Je voudrais donc raconter ici comment le marché des perles fines fut conquis à la France par ma maison.

Cette conquête remonte à l'année 1907, juste au moment où prenait fin la fameuse crise financière américaine qui commença en 1906 et dura un peu plus d'un an.

Cette crise a eu la plus sérieuse répercussion sur le commerce de luxe français et a entraîné la mévente des objets les plus divers : bijoux, tableaux, toilettes, bibelots d'art, antiquités, etc., etc., car il ne faut jamais perdre de vue que l'Amérique, pays de création perpétuelle de richesse, est le meilleur client de l'Europe pour tous les articles de luxe, aussi bien ceux qui forment le luxe intérieur que ceux qui composent le luxe de la femme.

Le marché des perles fut l'un des plus rudement atteint, et la baisse qui se produisit sur les places de Londres et de Paris entraîna la faillite d'une centaine de négociants.

Pour la clarté de ce qui va suivre, il m'est indispensable d'ouvrir ici une parenthèse et d'expliquer comment se pratiquait le commerce des perles aux Indes avant 1907.

Les perles, les très belles perles, celles qui méritent vraiment le nom de perles d'Orient, proviennent des pêcheries du golfe Persique, dans la proportion de 85 % de la production totale. Un syndicat, composé d'Arabes et d'Hindous achetait aux pêcheurs cette production pour la plus grande partie.

Après un premier travail de classification par grosseur et qualité, le syndicat remettait ces perles aux consignataires anglais qui avançaient souvent jusqu'à 100 % de leur valeur à ce syndicat. Quand survint la crise américaine, le syndicat hindo-arabe se trouva très endetté par les avances reçues. Les consignataires anglais auraient pu laisser passer la crise : obéissant à un sentiment que je n'ai pas à analyser ici, ils ont préféré exiger du syndicat la couverture de ce qui leur était dû. Ne pouvant payer, celui-ci fut impitoyablement exécuté. Ce fut la ruine pour ses membres et, comme conséquence, le déséquilibre complet du marché, l'organisme initial régulateur n'existant plus. C'est à ce moment que ma maison — car il s'agit de moi en cette affaire — s'est trouvée, elle aussi, à peu près ruinée par répercussion.

Tandis que je la sentais entraînée dans la ruine générale, je me creusais la cervelle pour trouver le moyen d'échapper au courant qui me conduisait au gouffre. J'appris à ce moment par mes correspondants que les malheureux pêcheurs de perles du golfe Persique, victimes innocentes du désarroi, mouraient littéralement de faim. Il me vint à l'esprit une audacieuse pensée : celle de me rendre au centre des pêcheries et d'acheter directement à ces pauvres gens le produit de leur pêche.

Au simple point de vue commercial, l'idée d'acheter les lots originaux, composés de perles de toutes grosseurs et de toutes qualités était absolument nouvelle, car auparavant les acheteurs se répartissaient en plusieurs catégories, nettement spécialisées. Les uns n'achetaient et ne vendaient que les boutons, les autres que les colliers, les troisièmes enfin que les grosses perles seulement. Il y en avait même qui n'opéraient que sur les demi-perles.

Il s'agissait donc, ayant acheté en bloc, de se constituer vendeur de toutes les qualités, à la manière des grands magasins. Mais pour réaliser une opération d'une telle envergure, il fallait des millions à un moment où quelques milliers de francs étaient difficiles à trouver.

Rudement atteinte comme je l'ai dit par la crise, ma maison ne possédait pas les capitaux nécessaires. Je résolus d'aller exposer mon idée à mon banquier M. B... T...

Mon banquier est un homme d'esprit froid, doué de grand sens pratique. A plusieurs reprises il m'avait prêté son appui dans des opérations commerciales ordinaires et, par conséquent, de moindre envergure, et toujours il était rentré dans ses avances aux dates convenues entre nous.

Je lui exposai donc mon projet. Il me répondit qu'il le jugeait téméraire et qu'il ne pouvait risquer de cautionner une entreprise qu'il estimait hasardeuse. Poliment, mais nettement, il me refusa son concours.

Je sortis de chez M. B... T..., absolument consterné. Rentré chez moi, je racontai mon échec à mes frères. Un véritable désespoir s'empara de nous. Tout nous semblait perdu : la ruine, ou tout au moins une situation extrêmement difficile nous paraissait inévitable pour l'avenir.

Un matin un de mes frères me dit :

— Cette situation est absurde. Nous ne pouvons tout de même pas nous laisser ruiner comme cela quand nous avons une idée qui nous sauverait à coup sûr. A ta place je retournerais voir M. B... T..., je m'efforcerais encore de le convaincre ; je lui offrirais des garanties nouvelles : par exemple, une hypothèque sur les marchandises que nous achèterions.

L'avis me parut judicieux. Je revins chez mon banquier. Oh ! je ne franchis pas sa porte sans hésitation. Une véritable angoisse m'étreignait. Je m'attendais à une réception glaciale...

A ma grande surprise, je fus reçu avec la plus affectueuse cordialité.

Spontanément M. B... T... me déclara que depuis ma visite, il avait le plus vif remords du refus qu'il avait opposé à ma demande et qu'il s'apprêtait à me téléphoner pour me dire de revenir le voir. Il avait réfléchi : il avait compris, il avait confiance à son tour !

L'accord fut vite conclu et les conditions en furent rapidement établies. Mon banquier mettait plusieurs millions à ma disposition.

La campagne d'achat fut entreprise aussitôt, et c'est ainsi qu'on vit pour la première fois un négociant en perles, d'Europe, aller chercher directement à la source, c'est-à-dire aux pêcheries du golfe Persique, les marchandises de toutes qualités, pour les revendre directement au commerce détaillant sans passer par les intermédiaires.

Il ne faudrait pas croire cependant que nous ayons réussi sans efforts et sans luttes à remplacer à nous seuls, par un mécanisme commercial créé de toutes pièces, l'organisme complexe que la crise et l'âpreté des consignataires anglais avaient disloqué.

Un marché de cette importance ne se conquiert pas si facilement, surtout quand il faut traiter avec des Arabes attachés à quantité de traditions conservatrices. Les consignataires, de leur côté, avaient en partie repris leurs affaires et, ayant compris le but que nous poursuivions, entamé la lutte. Les obstacles les plus divers, s'accumulèrent donc pendant longtemps sur notre route.

Un des moyens qui aidèrent au succès fut celui-ci :

C'était à la fin de la troisième année de notre campagne au golfe Persique. Les Arabes, toujours méfiants à l'égard des nouveaux venus, hésitaient encore à nous montrer leurs plus jolis lots de perles. Sans doute craignaient-ils de n'être pas payés assez cher ou doutaient-ils des ressources financières de leur acheteur.

Il fallait de toute nécessité, frapper leur imagination. C'est alors que mon frère V... eut une idée qui lui fut suggérée par l'étude que trois années de séjour parmi les Arabes lui avait permis de faire de la complexe psychologie de leur âme.

Revenant d'Europe avec une somme relativement modeste, il l'avait apportée — on verra pourquoi — en pièces de cinquante centimes.

Le jour de l'arrivée des fonds, les Arabes stupéfaits, virent 50 ânes transportant sans arrêt des caisses pleines d'argent, du bateau à sa demeure. Comme ils ne connaissaient que les livres sterling en or, le défilé des ânes les remplit d'admiration et de respect. Dans leur imagination, je devins une sorte de nabab d'une richesse fabuleuse, et dès lors, les plus beaux lots de perles me furent offerts sans la moindre hésitation.

Le marché des perles — toutefois — ne fut définitivement acquis à ma maison qu'après trois ou quatre ans d'efforts. Mais c'était enfin le triomphe de notre idée et la récompense de la confiance que notre banquier nous avait témoignée. Elle eut pour notre pays un résultat remarquable, car c'est à l'affluence des arrivages de perles du golfe Persique que Paris doit désormais de voir venir à lui les marchands acheteurs du monde entier, ainsi d'ailleurs que les vendeurs de perles déjà portées.

Chose qui vaut d'être soulignée, ce marché est le seul que la France ait arraché à l'étranger depuis 1871. Ceci suffit à en souligner l'importance matérielle et morale.

Je n'entends pas dresser ici un répertoire de toutes les idées qui, mises en pratique, se sont transformées en richesse. Ce serait faire l'histoire anecdotique de l'évolution du progrès industriel et commercial, et tel n'est pas mon but. On a vu, par ce que j'en ai dit plus haut, qu'elles sont innombrables, les idées qui sont devenues des fortunes : Il y en a eu partout, dans tous les pays, sous toutes les latitudes, dans toutes les branches de l'activité humaine.

Quelques-unes, par leur simplicité même touchent au génie. Elles ressemblent à l'œuf légendaire de Christophe Colomb. De ce nombre est celle de M. Boucicaut, le créateur du *Bon Marché*, le père de ces grands magasins qu'on rencontre aujourd'hui dans toutes les grandes villes du globe. Inutile de rappeler ici comment il transporta dans le domaine de la réalité sa conception de réunion dans un même immeuble, sous forme de « rayons », de tous les magasins possibles et imaginables intéressant les besoins de la famille et le luxe de la femme. Le monde entier connaît cet événement considérable dans l'histoire du commerce moderne.

Dans un domaine moins grandiose une idée qui a eu beaucoup de succès chez les Anglo-Saxons, est celle des bars automatiques. Son inventeur est parti de cette double observation que, dans la société moderne, tout ce qui pouvait apporter une économie de main d'œuvre et une épargne de temps — time is money — devait être bien accueilli du public et par conséquent se transformer en succès réel. C'était encore de la bonne psychologie. De fait, il n'y a guère de ville allemandes ou anglaises où l'on ne rencontre à profusion de ces bars automatiques qui permettent à une foule pressée de se servir sans le secours d'un garçon ou d'une fille de salle, et de dîner en quelques minutes. Ce créateur a fait fortune bien entendu. L'idée de M. Nagelmackers de réduire au minimum la fatigue des longs voyages est devenue le wagon-lit. Une compagnie puissante et riche aujourd'hui l'exploite et ses luxueuses et confortables voitures sillonnent les principales lignes ferrées du globe.

J'en pourrais citer ainsi des milliers...

Il y a des idées beaucoup moins importantes qui ne sont nullement négligeables et qui donnent des profits immédiats. Certains commerçants se piquent d'en avoir une par jour, — et au besoin plusieurs — à la manière de quelques journalistes. Ceux-là en tous cas ont un cerveau toujours en ébullition et rendent leur affaire vivante et intéressante.

Croit-on que le petit marchand qui au greffe du tribunal de Versailles, acheta en janvier 1923 la laide petite cuisinière de fonte dans laquelle Landru, de triste mémoire, faisait brûler les morceaux de ses malheureuses victimes, soit un sot ? Il a spéculé sur la curiosité malsaine de la foule et il n'a pas hésité à payer 4.200 francs un ustensile usagé qui ne vaut pas 300 francs à l'état de neuf. Mais c'était la principale pièce à conviction d'un procès célèbre ! Quelques jours plus tard il revendait cette cuisinière 32.000 francs au directeur d'une grande attraction foraine de Milan, réalisant 28.000 francs de bénéfices ! Et soyons sûr que l'acquéreur milanais y trouvera son compte sous forme d'entrées plus nombreuses dans son établissement.

Et si l'on considère que dans toute réussite, il y a une part de chance,-la meilleure des chances, n'est-elle pas d'avoir un cerveau assez bien organisé pour avoir, d'abord, des idées !...

Ce n'est pas tout cependant. La réussite en affaires est aussi liée à l'acceptation des risques qu'il importe de savoir évaluer aussi exactement que possible. Les risques de toute affaire ne doivent être ni trop gros ni trop insignifiants.

Ainsi il faut avoir un véritable tempérament de joueur pour traiter une affaire dont le risque atteint 50 % et même 25 %. A mon avis, la part du risque dans une affaire ne doit pas dépasser un dixième, faute de quoi elle tourne à l'aventure et dépasse les moyens de celui qui l'entreprend.

Ce n'est plus une entreprise commerciale, c'est un jeu, où l'on peut perdre l'honneur et briser son existence sans possibilité de la refaire. C'est en raison de ce sens des réalités que les joueurs m'ont toujours inspiré la plus grande méfiance. Je dirai même que j'en ai peur, car l'expérience m'a démontré qu'il n'y a pas de capitaux qui puissent résister à la passion du jeu. Entre les mains d'un joueur la fortune la mieux assise me fait l'effet d'un colosse aux pieds d'argile. Elle donne l'illusion de la puissance et de la solidité : un beau matin, la base se trouve rongée, et tout s'écroule à la stupeur générale.

En effet, jamais encore je n'ai rencontré de commerçant ayant la passion du jeu qui ait réussi à sauvegarder l'existence de sa maison : toujours la ruine s'est trouvée au bout.

J'ai même connu de véritables génies commerciaux dont les belles qualités ont été complètement annihilées par ce funeste défaut. Ils ont sombré lamentablement dans la misère et le déshonneur. C'est l'histoire d'un de mes collègues qui devrait occuper aujourd'hui une situation importante sur la place de Paris et qui s'est rapidement ruiné. On me permettra de la raconter ici.

Ce commerçant aimait tous les jeux : les courses le passionnaient le jour, les cartes absorbaient une partie de ses nuits. Jamais il n'avait cet esprit clair et libre qu'il faut avoir pour les affaires.

Un matin je le vis entrer chez moi, en proie à une agitation extrême. Avec fièvre, les yeux brillants, la voix émue, il m'exposa qu'il fallait absolument que je lui confie tout l'argent dont je disposais. Je l'entends encore :

— Un coup magnifique, mon cher, un cheval qui gagne à coup sûr, une certitude enfin ! Et un rapport inespéré ; la somme engagée décuplée, une véritable fortune à réaliser en quelques minutes ! Une de ces affaires — il appelait cela une affaire ! — qu'on n'a pas le droit de laisser échapper !

Je n'ai pas besoin de dire que mon collègue dépensa inutilement son éloquence.

J'ai horreur du jeu sous toutes ses formes, car il est à mes yeux un véritable ferment de dissolution sociale. Jamais je n'ai risqué nulle part une pièce de cent sous, pas même à Monte-Carlo où j'ai cependant, comme tout le monde, passé une saison.

Quelques jours après la visite de mon collègue j'appris ce qu'était devenue la fameuse « affaire ».

Le commerçant en question avait pour ami le comte X..., propriétaire d'une écurie de course. Or, ce sportman, dont la situation matérielle était précaire, avait imaginé de reconstituer son avoir d'une manière-qui se pratique quelquefois sur les hippodromes, mais que la morale qualifie de criminelle. Il possédait un cheval de tout premier ordre qu'il avait volontairement fait battre dans trois ou quatre épreuves successives, de sorte que les parieurs le croyaient hors d'état de gagner avant longtemps. De favori qu'il avait été souvent, le cheval était devenu un animal délaissé de la majorité des joueurs. En le faisant gagner dans ces conditions, il devait rapporter en effet une somme considérable à ses partisans. Ayant donc décidé qu'il gagnerait ce jour-là, le comte X... avait joué sur son cheval tout ce qu'il possédait encore et avait engagé ses amis, dont était mon collègue, à l'imiter.

Le jour et l'heure de la course étaient arrivés.

Dès le départ, le cheval du comte prit la tête et, avec une supériorité étonnante, augmenta son avance à mesure qu'il approchait du poteau. Déjà les « invités » du comte (j'allais dire les complices) escomptaient la grosse somme qu'ils allaient toucher. Soudain, à moins de cent mètres du poteau le jockey se retourna pour voir à quelle distance derrière lui se trouvaient les autres concurrents. Mais il se retourna si brusquement ou si maladroitement qu'il fit faire un écart à son cheval... L'homme et l'animal roulèrent à terre...

C'en était fait des espérances du comte, de mon collègue, de tous les amis qui avaient compromis de grosses sommes dans cette aventure. Ce qui restait de la fortune du propriétaire était englouti ; mon collègue était ruiné et tous deux par-dessus le marché, sortaient déshonorés de cette triste affaire.

Les exemples de tels désastres ne sont malheureusement pas rares. Qui donc n'en a vu autour de soi ! Je ne m'attarderai donc pas à en citer d'autres.

Aussi ne puis-je jamais traverser le bois de Boulogne, les jours de courses à Longchamp ou à Auteuil, sans avoir le cœur serré à la vue des files de joueurs qui s'en vont en voiture ou à pied vers les champs de courses. Rien n'est plus triste à mes yeux que la vue, dans le décor enchanteur du bois, de ces milliers de passionnés, dont beaucoup sont visiblement malheureux, qui n'hésitent pas à quitter leur foyer, à abandonner leur travail et à venir jeter dans la fournaise du pari-mutuel l'argent du pain qu'ils doivent à leurs enfants et à leur famille.

Combien s'en reviendront le soir, les poches vides, qui étaient partis avec l'illusion de rapporter la forte somme ! Que de privations ils imposent autour d'eux pour la satisfaction d'une passion déprimante et immorale en ce sens qu'elle détourne chaque jour du travail une partie importante de la population.

Je n'ai pas besoin de dire ici que je reste sceptique quant au but qu'on assigne à l'institution des courses. Qu'on ne vienne pas me parler de cette fameuse amélioration de la race chevaline, à une époque où le cheval disparaît de plus en plus de la vie économique du pays, et où le cheval-vapeur me paraît l'avoir sérieusement détrôné.

Il n'y a donc, dans cette soi-disant amélioration de la race chevaline, qu'un prétexte au maintien d'une sorte de tripot national dont l'État protège l'existence. C'est une véritable honte à mon sens et on reste écœuré devant cette exploitation par l'État de l'une des plus viles passions humaines, sous le prétexte d'accorder des subventions à l'Assistance publique.

Le fameux prélèvement de 11 % sur les paris engagés aux courses ne justifie nullement à mes yeux le maintien d'une institution dont le fonctionnement est un dissolvant de l'énergie nationale.

C'est le même État d'ailleurs qui touche un pourcentage dans tous ces tripots admis officiellement sous le nom de cercles, où fréquentent tant de débris lamentables de l'humanité ; courses, cercles, casinos, tout cela est indigne d'un grand pays dont tous les enfants devraient travailler au relèvement de la situation écnomique si déplorable depuis la guerre.

La Chance — puisque j'ai commencé ce chapitre par ce mot, qu'il me serve à le terminer — la chance n'existe pas dans le sens qu'on lui donne couramment et qui s'applique au jeu. La chance, c'est d'avoir le goût du travail, c'est d'avoir un cerveau toujours aiguillé vers l'activité et la recherche d'idées nouvelles, c'est d'avoir pour soi-même d'abord et pour son pays ensuite la volonté de réussir et de réussir jeune. Je suis en cela de l'avis de Rabusson qui disait : « Ce n'est pas tout que d'être riche : il faut l'être à temps et l'argent vient trop tard, quand il vient après qu'est partie la jeunesse ».

Mais avant de clore ce chapitre, je voudrais faire, au sujet de cette question du jeu, une digression qui paraîtra peut-être subtile à quelques-uns, mais qui est nécessaire.

Le jeu — encore que ce mot s'accorde bien mal avec l'idée d'effort ingénieux — est parfois acte de commerce et sous cette forme, je ne connais guère de négociants qui ne jouent pas. Mais ce jeu-là ne ressemble à l'autre en rien : l'intelligence, le génie parfois, y remplacent le hasard et le commerçant choisit lui-même ses cartes. Sans doute il court des risques, mais ce sont des risques calculés sur des bases mathématiques qui permettent de faire une bonne affaire.

Ce jeu-là est tellement passionnant qu'il remplace à lui seul tous les autres. Il constitue un plaisir complet. On me comprendra mieux, en méditant l'exemple que voici :

Un jour, c'était il y a vingt ans, mon banquier me convoqua. Ma situation commerciale n'était pas ce qu'elle est aujourd'hui et ma maison n'était guère plus qu'une maison de débutant. Mon banquier m'adressa une amère semonce, sous prétexte que je faisais des crédits exagérés à cinq petits négociants n'ayant aucune surface. Il m'annonça, ou à peu près, que mon imprudence — c'était le mot qu'il employa, — me conduirait à faire de mauvaises affaires.

Mes explications ne réussirent pas à le faire changer d'opinion. Voici cependant ce que j'essayai de lui faire entendre :

Mes cinq petits négociants avaient au moins le mérite d'être d'une honnêteté irréprochable et d'une grande capacité commerciale. Je pouvais l'affirmer car j'avais eu l'occasion de mettre leur honnêteté à l'épreuve. J'étais donc tranquille sur ce point. En leur vendant des marchandises pour de fortes sommes, j'en faisais tout simplement mes représentants, mais des représentants auxquels je n'avais pas de commissions à payer. Tous les risques de vente étaient ainsi à leur charge. Ma part personnelle de risque n'existait qu'en cas de crise ou de mévente. Depuis vingt ans je n'ai jamais cessé d'être en relation avec ces cinq négociants, j'ai fait avec eux un chiffre incalculable d'affaires et jamais je n'ai perdu un centime.

Aux époques de crises, qui se renouvellent, dans nos affaires, tous les quatre ans en moyenne, j'ai dû les soutenir d'autant plus solidement qu'ils perdaient généralement à chaque crise une partie des bénéfices de trois ans de travail. Cependant j'ai toujours été réglé régulièrement.

A ce propos, l'un d'eux, M. M..., qui était un homme d'une intelligence supérieure et qui est mort,

très regretté par moi, il y a quelques années, me racontait la boutade suivante :

Comme un négociant lui proposait un lot important
de bijoux, il lui fit une offre intéressante, mais
payable à terme. Le négociant accepta l'offre en
principe mais remit sa réponse définitive au lendemain en expliquant qu'il voulait prendre des renseignements en banque sur son acheteur.

M. M..., froissé, lui répliqua :

— Moi aussi je vais faire prendre des renseignements sur vous dans une banque.

— Mais pourquoi avez-vous besoin de renseignements sur moi ? s'écria le négociant stupéfait.

— C'est bien simple, reprit M. M..., je veux
savoir si vous seriez capable de me renouveler ma
traite au cas où je ne payerais pas à l'échéance.

Ceci dit, terminons-en avec le jeu.

Il fut un temps où, moi aussi, me trouvant au café
avec des confrères ou des amis je jouais à la ma-
nille, à l'écarté, au piquet. C'était aussi innocent que
possible. Un petit événement devait cependant
modifier radicalement le cours de ces habitudes
et me faire prendre une résolution irrévocable. Ce
temps est lointain : il remonte à vingt-cinq ans.

Vers 5 h. 1/2, ma journée de travail finie, j'attendais au café la venue de mes frères qui devaient
dîner avec moi; et je lisais un journal en buvant un
bock pour patienter. Un habitué du café que je connaissais un peu et qui était seul, m'invita à faire avec
lui une partie de jacquet, pour « tuer le temps ».

Je refusai d'abord, puis, finalement, devant son insistance je cédai.

Nous jouâmes au tarif modeste de deux sous la partie pour commencer. Je perdis. Puis le tarif augmenta et je jouai quitte ou double, tant et si bien qu'à 7 heures j'avais perdu toute ma fortune, les cinq francs avec lesquels mes frères et moi devions dîner. Je ne pouvais songer à redemander ces cinq francs à mon partenaire !

Quand mes frères arrivèrent je les mis au courant de cette petite catastrophe. Ils ne me firent pas le moindre reproche mais comme ils n'avaient pas le sou, nous rentrâmes nous coucher sans dîner.

Le fait que mes frères n'avaient pas dit un mot me toucha plus profondément que ne l'eussent fait des paroles amères et je me jurai à moi-même de ne plus jamais jouer de ma vie : j'ai tenu parole.

Sauf une fois cependant. C'était quelques années plus tard et ma situation financière était déjà meilleure.

Un de mes collègues m'avait invité à dîner. A peine le dessert était-il avalé que les invités passaient dans un petit salon où des tables de jeu étaient dressées. On voulut me faire entrer dans une partie de poker. Je refusai. On insista, mais je ne me laissai pas fléchir.

Alors quelqu'un me dit :

— Soit, ne jouez pas, mais vous ne refuserez pas d'être de moitié dans mon jeu.

La proposition me déplut, mais la politesse m'obligeait à ne pas refuser et je fus donc, du coup, transformé sans le vouloir, en associé d'un joueur. La partie n'offrait aucun intérêt pour moi, la vue seule des cartes ayant le don de m'horripiler. Je quittai donc le petit salon, laissant mes amis à leurs « fools », leurs « floshs », leurs « quintes » et leurs « carrés ». Et mentalement je me disais :

« Je suis dans une maison amie qui m'offre l'hospitalité. Gagner de l'argent dans ces conditions au maître de la maison me répugnerait et me causerait un vif ennui, car je ne vois de plaisir à gagner de l'argent que si cela résulte d'une combinaison née dans mon esprit et réalisée d'après un plan commercial mûrement réfléchi. Et perdre au jeu me serait désagréable. »

Et là-dessus je m'en fus tenir compagnie aux dames, au salon.

Une heure extrêmement agréable se passa ainsi à bavarder. Au moment de partir, il me parut tout de même utile de connaître le résultat des opérations qui se déroulaient dans la pièce voisine. Où en était mon « associé » ?

Celui-ci m'annonça en souriant que je perdais douze mille francs.

Je n'ai pas sourcillé. Seul un sentiment de dégoût me monta du cœur à la pensée pour tous ces gens qui prostituaient au jeu cet argent que je considérais, moi, comme une chose sacrée en raison des belles choses dont il peut être le créateur et des bienfaits dont il peut être la source.

Comment d'ailleurs se défendre d'un mépris pour tous ces hommes qui préféraient cet absurde passe-temps sans intérêt aux conversations qui hélas, ne sont plus à la mode. Jadis les réunions de salons avaient un noble but, celui de permettre d'échanger des idées et de développer l'esprit. Aujourd'hui ni la vie méditative, ni la vie contemplative ne sont à la mode : les uns préfèrent le jeu, les autres le mouvement. Et c'est si vrai que non seulement les grandes personnes mais la jeunesse s'y laissent entraîner.

J'en ai fait encore la remarque tout récemment. Me trouvant dans une famille amie, je conversais avec un jeune homme de 18 ans, de bonne naissance. Celui-ci ne tarda guère à me dire qu'il se « barbait », ce qui, dans le délicieux langage qu'affecte d'utiliser notre actuelle jeunesse veut dire s'ennuyer.

— Eh quoi !, lui dis-je, assez surpris d'entendre une telle réflexion dans la bouche d'un garçon de son âge, vous n'êtes donc pas sorti ce matin ?

— Mais si je suis sorti, j'ai même fait une longue promenade.

— Avez-vous regardé la couleur du ciel ?

Ce fut au tour du jeune homme de me considérer avec ahurissement.

— Ma foi non. Et pourquoi aurais-je regardé la couleur du ciel?

— Parce qu'elle était particulièrement jolie. D'ailleurs soyez persuadé que votre ennui vient de ce que vous ne savez pas regarder autour de vous.

La vie est un spectacle autrement curieux que le théâtre ou le cinéma et si vous vous donniez la peine d'observer toutes les comédies et tous les petits drames qui se déroulent à toute minute dans la rue vous ne vous ennuieriez pas. Il n'y a pas de pièce à grand spectacle qui vaille celle-là. Le décor est incomparable et varie à l'infini. La lumière au moins n'est pas artificielle : elle change à chaque saison, que dis-je à chaque moment du jour. Il n'y a pas deux couchers de soleil pareils et dès que vous sortez de la ville, la campagne vous offre toutes les séductions. C'est toute une éducation qui vous manque et je vous plains de tout mon cœur.

Je n'insistai pas davantage, mais au fond de moi-même je déplorai une fois de plus certains travers de l'éducation moderne. Combien les parents ont tort, me disais-je, de ne pas ramener plus souvent leurs enfants vers la nature, source de toutes les beautés. C'est élever l'âme d'un enfant que de lui faire comprendre la splendeur d'un lever ou d'un coucher de soleil, la douceur d'un bois sur un coteau, la majesté d'une montagne. C'est enrichir son cœur que de le rendre sensible au charme majestueux d'une promenade à travers une belle plaine où les blés dorés ondulent et de lui faire sentir quelle délicate merveille est une humble fleur des champs.

A combien de mauvais instincts il échapperait, du seul fait d'avoir compris la poésie des choses ; De telles leçons lui seraient plus utiles qu'une heure de trigonométrie.

# IV



Je crois avoir suffisamment indiqué qu'au grand
soleil du succès il n'y a pas de place pour le joueur.
La passion du jeu est certainement la force malsaine la plus nuisible à l'homme en général, et à
l'homme qui veut se consacrer aux affaires, en particulier.

Ceci dit, revenons à cette prépondérance de l'idée
originale et nouvelle dans toute réussite, qui a fait
l'objet du chapitre précédent. Une idée géniale ne
profite pas nécessairement à la seule personne à qui
elle est venue. Généralement même elle se propage
à travers le monde des affaires où elle se trouve
reprise et adaptée selon les nécessités particulières.
Il arrive même qu'une idée géniale n'est exploitable

que par une collectivité d'industriels ou de commerçants.

C'est le cas de celle qui veut que toute une catégorie de la production d'un pays soit concentrée
dans une même main. Cette idée-là est probablement celle qui a favorisé l'éclosion des plus colossales fortunes du globe. C'est celle des trusts. Communément on la croit d'origine américaine à cause
de son envergure et de son caractère audacieux.

En réalité, l'idée du trust est née en Angleterre
vers le milieu du XIXe siècle. Elle se présenta sous
la forme de groupements de sociétés industrielles
ou commerciales constituées à Londres à partir
de 1860. Certaines mesures pénales les firent disparaître aussitôt. Mais l'idée était lancée : elle tra-
versa l'Atlantique et fut reprise aux États-Unis,
où elle connut de suite un développement prodigieux.

Quiconque connaît un peu l'Amérique sait qu'en ce
pays de vie intense, les chemins de fer, les pétroles,
l'acier, la viande frigorifiée et généralement toutes
les productions intéressant l'activité nationale  sont
aux mains d'un seul homme, ou aux mains d'une
seule et formidable société.

Souvent d'ailleurs le trust ne se borne pas à concentrer sous l'égide d'une même firme tel ou tel
genre de l'activité d'un pays, il possède des ramifi-
cations prodigieuses, des tentacules puissantes qui
drainent ou saisissent la production identique des
autres parties du monde.

Qu'est-ce qu'un trust ? Comment naît-il ? Comment se développe-t-il ? Quelle cause le produit ?

Je vais essayer de répondre clairement à ces questions.

Il arrive, pour un produit quelconque, que les demande sont supérieures à la capacité de production des usines existantes. La loi de l'offre et de la demande jouant automatiquement, les prix montent et avec eux les bénéfices des producteurs. Invariablement les fabricants agrandissent leurs usines et augmentent leur production. Le succès du produit attirant l'attention des capitalistes, il n'est pas rare que de nouvelles sociétés se forment et que de nouvelles usines surgissent. La production augmentant toujours, les demandes ne tardent guère à être satisfaites. Dès lors les prix ne montent plus : ils se stabilisent.

Puis l'offre dépasse bientôt la demande. La concurrence entre en scène pour aider à l'écoulement du produit : les prix baissent.

Ils continuent à baisser jusqu'à ce que les prix de vente se rapprochent du prix coûtant à la fabrication, de l'usine la moins favorablement située ou la moins habilement administrée.

Puis le jour arrive où c'est l'usine la plus favorablement située et la mieux administrée qui doit vendre à son tour au prix coûtant, car la production ne peut guère être arrêtée ou limitée et les frais généraux courent toujours. Il est en effet moins onéreux de perdre un peu sur chaque produit jeté sur le marché que d'arrêter une usine.

Dans chaque usine, l'industriel a fait la balance de ses comptes et a enregistré ses pertes. Le déficit est général. Va-t-on continuer à se manger les uns les autres ?

Bientôt l'un des industriels propose à ses concurrents de s'entendre. Le sentiment du· danger immédiat fait prendre la proposition en considération. Une réunion est organisée. On reconnaît que le seul moyen de ne pas se ruiner c'est de s'unir. Cette union c'est le trust, sous sa forme première.

Chaque usine devient une succursale des autres. Des délégués sont choisis pour administrer l'affaire et, par leur intermédiaire, la production totale des usines est offerte au public à des prix laissant des bénéfices.

Voilà donc la genèse du trust : l'idée d'éviter la mort par la concurrence lui a donné la vie : elle s'est modifiée à l'infini.

Le trust moderne se présente comme un syndicat formé entre plusieurs personnalités individuelles ou collectives, pour permettre, par la mise en commun de denrées, de capitaux ou de matériel, la monopolisation de fait d'un produit déterminé. Le but de tout trust est de supprimer toute concurrence, de devenir maître du marché pour tel ou tel produit déterminé et d'en fixer le cours à sa guise.

L'un des trusts les plus importants du monde est celui du cuivre : il est français. Le trust du sel est anglais ; celui des fils métalliques est allemand, etc.

Mais c'est aux États-Unis que les trusts sont les plus nombreux et les plus importants. On estimait avant la guerre que le capital actuel représenté par les différents trusts américains réunis, dépassait 30 milliards de francs au cours d'alors. On peut aujourjourd'hui doubler sans crainte cette évaluation en raison de la prospérité des différents trusts et comme d'autre part la valeur de l'argent n'est plus la même, la fortune représentée désormais par l'ensemble des trusts américains doit représenter à peu de chose près la valeur de la dette totale française — intérieure et extérieure — estimée en francs français à 400 milliards. On le voit c'est formidable !

Le trust moderne qui peut sans doute être considéré comme le trust-type est celui du pétrole. Il est en même temps un exemple de ce qu'un cerveau de génie a pu tirer de l'idée première du trust, qui ne fut originairement qu'une idée de défense et qui a évolué en idée d'accaparement ou plutôt de maîtrise des marchés.

Jamais non plus un produit n'a, aussi complètement que le pétrole, offert à des hommes d'affaires une occasion de dominer plus complètement un marché. Ceux qui fondèrent la « Standard Oil » peuvent être comptés parmi les hommes d'affaires les plus habiles du monde, car ils ont compris l'importance de la découverte des gisements de pétrole et n'ont pas hésité à consacrer des capitaux considérables à l'achat des terrains où ils se trouvaient.

Dès son origine, l'industrie du pétrole connut le succès. Pressentant le rôle que ce carburant jouerait dans la vie moderne, les dirigeants de la « Standard Oil » jetèrent tous leurs bénéfices et tous les capitaux qu'ils trouvèrent à emprunter dans l'affaire naissante. Ils devinrent bientôt propriétaires de tous les territoires pétrolifères qui furent découverts alors et ne cessèrent de se mettre à la recherche de terrains nouveaux et à les acquérir. La « Standard Oil » fournit aujourd'hui de 60 à 70 % du pétrole qui se consomme aux États-Unis et bien qu'elle ait été longtemps libre d'imposer les prix qu'elle eût choisis, elle a toujours maintenu le pétrole à un prix très bas, ce qui n'empêche pas le petit bénéfice réalisé par tonne de se chiffrer par des sommes colossales au total.

La « Standard Oil » peut être considérée comme le plus ancien des trusts américains. Sa création remonte au 2 janvier 1882 et c'est à M. John D. Rockfeller et à ses 13 associés qu'on doit la trouvaille du mot « trust ». La première, en effet, sa société pour l'exploitation des pétroles porte ce nom.

Elle avait été fondée au capital de 500 millions. Dès avant la guerre ce capital était estimé à 3 milliards... A la fois raffineur et transporteur de pétrole, la « Standard Oil » réglemente la production des puits de l'Ohio, de la Pensylvanie et de la Virginie Occidentale ; elle fabrique ses fûts, ses boîtes, ses réservoirs, tout ce qui lui est nécessaire et possède en toute propriété la ligne de bateaux citernes qui transporte ses produits en Europe.

Les autres trusts du pétrole, la « Royal Dutch », la « Schell », ont une organisation calquée sur celle de la « Standard Oil ».

Les trusts sont-ils un bienfait ? Au contraire sont-ils un danger ? Il y a, on le pense bien, des arguments au service de ces deux points de vue. Les trusts ont, en Amérique même, des admirateurs passionnés et des détracteurs ardents.

Souvent ils ont été combattus, mais sans succès, car la bataille était généralement engagée et conduite par ceux-là même que les trusts avaient industriellement ou commercialement vaincus.

On trouve dans les journaux et les publications d'avant la guerre, et notamment dans la période qui se place entre 1895 et 1905, de fréquentes traces des luttes que les trusts eurent à soutenir contre leurs détracteurs, contre leurs ennemis et souvent même entre eux. Il y eut d'ardentes campagnes soutenues par ceux qui ne voulaient pas se laisser absorber et de qui c'était l'intérêt d'ameuter l'opinion publique contre ces puissantes sociétés.

Mais la lutte contre les trusts a toujours ressemblé à la lutte du pot de terre contre le pot de fer : le plus faible a constamment été mis en pièces.

Ainsi M. Rockfeller et ses associés purent craindre à une certaine époque une redoutable concurrence. Les gros raffineurs de pétrole renonçant à obtenir des Compagnies de chemins de fer des conditions raisonnables, résolurent d'amener le pétrole par conduits au lieu de le transporter par wagons, et formèrent dans ce but, au capital de 25 millions, la « Tide-Water Pipe Line Company ». Atteintes dans leurs intérêts directs, les Compagnies de chemins de fer se firent les auxiliaires de la « Standard Oil » et réduisirent leur fret à 5 fr. 75 par baril, puis à 4 francs, puis à 1 fr. 50, puis à 0 fr. 50.

La « Tide-Water Pipe Line » lutta deux ans et fut vaincue. Finalement, elle dut se laisser absorber par la « Standard Oil » qui a depuis considérablement développé son système.

Un autre exemple de ces luttes est celui qui mit aux prises l' « Arbucle Combination » et la « Sugar Refineries Company ». L' « Arbucle Combination » est le trust du café, du nom de son fondateur, M. Arbucle. Il avait été pendant plusieurs années en relations avec la « Sugar Refineries Company » dirigée par M. Havemayer. Le trust du café vendait directement aux détaillants des petits paquets de cinq livres contenant à la fois le café et le sucre, ce qui était très apprécié des ménagères. Le sucre, de qualité inférieure d'ailleurs, était fourni par le trust de M. Havemayer.

Un jour, on n'a jamais su par quelle fantaisie, M. Havemayer décida d'augmenter d'un quart de cent, soit 0 fr. 0125, la livre de sucre fournie à l' « Arbucle Company ». La rupture fut immédiate et pour se soustraire au trust du sucre, M. Arbucle se mit à raffiner lui-même celui dont il avait besoin.

M. Havemayer ne l'entendait pas ainsi. Il répliqua en vendant à son tour du café par paquet de cinq livres y compris le sucre, de qualité meilleure que celui de M. Arbucle.

Cette petite guerre dura de longs mois, chacun augmentant tour à tour la qualité de ses produits sans augmenter les prix. Elle coûta plusieurs millions aux deux organisations rivales et pour finir M. Arbucle entra dans le trust des sucres.

Pour donner une idée des moyens d'action des trusts, nous reproduirons cette indication que nous trouvons dans une publication vieille de 25 ans.

« A New-York, huit banques appartiennent entièrement à la « Standard Oil Company ». Ce sont : la City, la New-Amsterdam, la Chase, la Park, la Second, l'Union, la Worth America et la Hanover. Ce trust possède encore des banques à Baltimore, Boston, Philadelphie, Chicago, Cleveland, La Nouvelle-Orléans et San Francisco. Par elles, la « Standard Oil » sait en détail les affaires de tous ceux qu'elle désire surveiller et connaît à un cent près la composition des portefeuilles et les échéances de tous les gros spéculateurs ».

La même publication, qui de toute évidence était entrée dans la campagne qui se poursuivait alors contre les trusts, nous montre comment pouvait s'exercer cette puissance.

Mais auparavant il me faut expliquer le mécanisme de la loi principale sans laquelle le grand commerce est impossible. Je veux parler du crédit.

Une vieille vérité économique fait du crédit l'âme même du commerce. Les affaires du monde entier se résument dans l'argent prêté et emprunté. Les capitaux sans emploi cherchent des emprunteurs solvables ou des associations dans les entreprises, sous peine de demeurer improductifs.

Aussi les capitalistes qui ont de l'argent disponible, le confient-ils généralement à des banquiers pour le faire fonctionner.

Lorsque l'argent disponible est abondant, il est bon marché et la spéculation se développe, mais si l'argent se raréfie, les emprunteurs sont obligés de vendre pour se libérer. Naturellement la cherté de l'argent qui oblige à vendre empêche en même temps d'acheter. Les cours descendent alors avec rapidité. Pour peu que l'affaire ait de l'envergure, c'est vite la panique.

La publication en question attribue la grande panique qui affola New-York en 1898 à la volonté de M. D. Rockfeller et voici ce qu'elle en dit :

« Au moyen des banques qu'il possédait et dirigeait M. Rockfeller retint les fonds disponibles. C'était l'époque où la rentrée des impôts obligeait le Trésor américain à racheter ses bons à court terme. Ces bons, la « Standard Oil » les accapara, en les payant plus cher que le prix offert par le goùvernement, et créa ainsi sur eux une hausse artificielle. Les autres banques, qui n'étaient pas dans la combinaison, devaient elles-mêmes trouver de l'argent pour leurs échéances du 1er janvier suivant

Aussi l'argent devint-il bientôt rare et cher. Les syn-dicataires connaissaient, à un million de dollars près, les disponibilités en espèces sur les divers marchés du monde. Sous l'impulsion du marché de New-York, le taux de l'activité s'éleva à Londres, à Paris, à Vienne, à Berlin. Les titres se déprécièrent d'autant, et les porteurs durent vendre. On vit l'intérêt monter à 20 %, puis à 50, puis à 120 et atteindre enfin, en sus du taux légal de 6 %, une prime de 1/2 % par jour, soit 186 % au total. Les banques et les particuliers qui n'avaient pas les reins solides ou qui éprouvaient des difficultés dans la réalisation de leurs portefeuilles, perdirent des centaines de millions.

« Que fit Rockfeller ? Il choisit, dans ces titres dépréciés, ceux dont il ambitionnait la propriété, et notamment les actions des mines de cuivre, dont il rêvait de devenir le maître absolu. Puis, cette opération terminée, il laissa les cours reprendre leur niveau normal et même s'élever légèrement au-dessus de ce qu'ils étaient avant que ce coup de tonnerre retentit dans Wall-Street. La baisse sur l'ensemble du marché de New-York avait atteint le chiffre inouï de deux milliards deux cent cinquante millions, entrés pour la plus grande partie dans les coffres de la « Standard Oil.

« Ce nouveau trust de l'argent peut donc faire monter ou descendre à son gré les cours de valeurs et le baromètre financier, en Amérique, ce n'est plus la bourse de Wall Street, c'est le carnet d'ordres de John D. Rockfeller et de ses associés.

« Ces associés, le Roi du pétrole les avait amoureusement choisis pour la besogne spéciale qu'il leur destinait. C'est d'abord William T. Wardwell, le génie financier du groupe. William T. Wardwell est le prohibitionniste le plus ardent de toute l'Amérique. A chaque élection, qu'il s'agisse de nommer le Président de la République, le gouverneur ou le maire, il intervient avec une incroyable passion. On affirme qu'il verse au moins 450.000 francs par an dans la caisse du parti « d'affaires » qui lutte pour maintenir les tarifs prohibitifs. Il est en outre partisan déterminé de l'abstinence totale en matière de boissons et il en donne cette raison que, le jour où l'ouvrier ne boira plus ni vin, ni bière, ni alcool, ses besoins étant moindres, on pourra diminuer plus aisément son salaire.

« A côté de lui est S. C. T. Dodd, l'homme de loi le plus habile que possède l'Amérique. Sa seule besogne est de trouver, pour les différentes entreprises de John D. Rockfeller et pour la « Standard Oil » en particulier, le moyen de tourner la loi. C'est l'homme des précautions suprêmes. Il ne se décide à violer les prescriptions légales que quand il a acquis la conviction qu'il est impossible de les éluder. En contribuant puissamment à la fortune du trust, il a trouvé le moyen de mettre de côté, deux cent millions environ pour son bénéfice personnel.

« Enfin James Stillman dirige les opérations de Bourse de la Société. C'est le maître des banquiers américains, comme Wardwell est le maître des

financiers et Dodd le maître des jurisconsultes.
Il est le beau-frère de William Rockfeller, frère de
John. Il est le président de la National City Bank
dont il rêve de faire la banque d'État américaine. »

Voilà ce qu'on écrivait à l'époque où toute une
partie de la presse était entrée dans la lutte contre
les trusts.

Les grands hommes d'affaires américains qui ont
lié leur fortune à celle des trusts sont d'ailleurs d'étonnantes figures. C'est au génie de l'un d'eux nommé
James Brooks Dill qu'est due la fusion de deux trusts
rivaux en un seul, devenu depuis le fameux trust
de l'acier sous la présidence de M. Carnegie.

Ce James Brooks Dill est certainement l'un des
plus extraordinaires brasseurs d'affaires qu'ont ait
jamais vus.

L'Amérique ne lui doit pas moins de 33 sociétés,
représentant avant la guerre un total global de
quatre milliards de francs. L'histoire du trust de
l'acier a fait sensation en son temps.

« James Brooks Dill, dit de lui la publication qui
rapporte ce trait déjà lointain, est un homme de loi,
pas autre chose ; mais un homme de loi exceptionnel,
salué très bas dans les rues de New-York. Au moment du procès soutenu par le trust de l'Acier contre
ses concurrents, il comprit que le différend qui s'était
élevé entre Andrew Carnegie et Frick pouvait avoir,
pour les deux antagonistes, les conséquences les
plus graves, malgré le caractère un peu mystérieux

des causes premières de cette hostilité. A l'instant même où Carnegie et Frick se prenaient à la gorge dans la salle même du tribunal, il parvint à les apaiser ; puis, avec une éloquence persuasive au premier chef, il les réconcilia, leur montra le mal qu'ils pouvaient se faire en demeurant ennemis, et les immenses profits qui leur étaient réservés s'ils unissaient leurs efforts. Deux jours après, les habitués de Wall-Street stupéfaits contemplaient James Brooks Dill, se promenant majestueusement entre M. Frick et M. Carnegie, qui tous-deux lui donnaient le bras.

« On imaginera aisément que le seul amour de la paix n'avait pas guidé l'intervention de l'homme de loi. Le désintéressement est bien rarement l'unique mobile des efforts chez les gentlemen de sa profession. James Brooks Dill avait déjà son plan et un plan vraiment gigantesque. Il ne rêvait pas moins que d'associer les efforts et les capitaux des deux adversaires de la veille. On ne sait pas trop comment il opéra. Mais, ce qu'il y a de certain, c'est qu'il réussit à obtenir la procuration de M. Carnegie, bientôt suivie de celle de M. Frick. Il imagina dès lors quelque chose de plus énorme encore. Ces deux procurations en poche, il alla trouver les directeurs de Sociétés similaires, parmi lesquels MM. Phipps, Rogers frères, etc. En quelques jours, le Trust était constitué, MM. Carnegie et Frick y engageaient à eux deux, un milliard trois cent trente millions. Le capital complet atteignait quatre milliards et comprenait les trente-trois firmes qui monopolisent aux États-Unis l'industrie de l'acier.

« En rétribution de ses efforts personnels, l'heureux James Brooks Dill recevait tout d'abord une prime de vingt-cinq millions, sans parler d'innombrables avantages à lui ménager dans la combinaison nouvelle. Les évaluations les plus modestes parlent d'une somme annuelle de deux millions comprenant le traitement de Dill comme homme de loi du trust et la part garantie de ses bénéfices. Le seul M. Watson, dont la tâche s'est bornée à rédiger le contrat, a touché 500.000 francs d'honoraires ».

On pourrait multiplier ces exemples. Vingt volumes n'épuiseraient pas ce qu'il y a à dire sur ces formidables organisations. Mais j'en ai dit assez pour qu'on se fasse une idée du fonctionnement des trusts, de leurs pouvoirs, de leurs moyens de réglementer un marché ou de réduire un adversaire. Ce sont des puissances qui comme toutes les puissances peuvent beaucoup de bien et beaucoup de mal.

Si l'Amérique apparaît comme la terre privilégiée des trusts, il ne faudrait pas croire cependant qu'ils ne fleurissent pas ailleurs. Il y en a dans tous les pays. J'ai cité le trust du cuivre qui est français ; celui de la métallurgie l'est aussi. Ne trouve-t-on pas en France également quantité de coopératives qui n'en sont pas autre chose qu'une émanation ? Il y a enfin les cartels allemands qui sont encore une forme des trusts puisqu'ils ont pour but de faire disparaître, par l'avilissement des prix, l'industrie d'un produit déterminé dans un pays concurrent de l'Allemagne, pour en avoir ensuite le monopole, ou à peu près, en Europe, quand ce n'est pas dans le monde. Le cartel des produits tinctoriaux allemands en est un des exemples les plus frappants.

. Trusts et cartels donnent à ceux qui les dirigent un pouvoir redoutable et ce n'est pas pour rien que leurs grands chefs ont été baptisés des « rois »

C'est le cas de M. Hugo Stinnes, l'un des magnats de la Ruhr, dont la colossale fortune s'est développée surtout depuis la guerre et même après la guerre, pendant la dégringolade du mark. On dit que M. Hugo Stinnes, outre ses charbonnages et ses usines, ses mille affaires diverses, est devenu le propriétaire d'environ 230 journaux et périodiques tant en Allemagne que dans les autres pays. Le danger apparaît immédiatement. La presse constitue aujourd'hui la force qui permet, avec le plus de certitude et d'efficacité, d'imposer au public une tendance, une manière de voir, une opinion, un ensemble de conceptions. Quelle puissance dangereuse représentent 230 journaux et périodiques, pouvant en même temps annoncer la même nouvelle — vraie ou fausse — ou montrer sous l'angle qui plaît à M. Stinnes, tel ou tel événement politique ou économique. Il est presque en son pouvoir de changer l'opinion publique selon ses besoins ou ses intérêts !

Quand, dans une démocratie, un groupement commet des sottises, c'est son affaire et chaque membre du groupe se trouve responsable de son

initiative malheureuse, mais quand la sottise émane
de la volonté d'une seule personne, qui exerce une
véritable autocratie et l'exerce dans des buts personnels et parfaitement égoïstes, il y a là quelque
chose de monstrueux.

Ce côté moral de la question constitue à mes yeux
l'un des motifs graves qui viennent à l'appui de
l'opinion, très répandue, que les trusts peuvent
constituer un danger économique et même social.

A deux autres points de vue, y a-t-il lieu de
s'émouvoir de l'avènement de telles puissances
d'argent sur la surface du globe. Certes la puissance
acquise par une seule personne ou une seule Sociét
disposant des moyens d'achat et de concurrence que
donne une colossale fortune, paralyse d'autres initiatives ou les met dans l'impossibilité d'éclore.
Mais en général la masse des travailleurs n'en souffre
pas, — bien qu'il y ait des exceptions — puisque le
fait d'être maître d'un marché supprime la concurrence et empêche l'avilissement des prix du travail.
Quant à l'État, il y trouve toujours son compte,
car il sait toujours atteindre les gros capitaux et
taxer les forts bénéfices quand il en a besoin.

L'Amérique et aussi l'Angleterre ont su frapper
durement les bénéfices réalisés par les grandes fortunes en leur faisant payer jusqu'à 85 % de leurs
revenus pendant ou après la guerre. Au reste si
l'État ne les atteint pas tant que vivent ceux qui
les ont constituées, il ne manque jamais, le jour où
la mort survient, d'abattre lourdement sa main sur

le capital, sous la forme de droits de succession. Et l'on sait que ces droits sont partout d'autant plus élevés que la fortune est plus grosse. Le trust, producteur de grosse richesse, n'est donc pas au fond, une mauvaise affaire pour l'État.

Une question cependant se pose. Doit-on dans l'état actuel des choses se réjouir de voir s'édifier des fortunes énormes ? Il est entendu — je viens de le dire — qu'elles viennent grossir la richesse nationale d'un pays et qu'elles constituent une véritable réserve supplémentaire pour l'État, s'il en a besoin. Mais les grosses fortunes ne se laissent pas atteindre aussi facilement qu'on pourrait le croire par l'administration financière d'un État. Elles savent se défendre...

Ce privilège, si c'en est un, ne leur est pas particulier. Devant les exigences croissantes du budget chez nous, nombreux sont ceux qui tentent d'échapper en partie au devoir fiscal. Et le comble, c'est que c'est parfois avec la complicité de l'État lui-même. Nos paysans, depuis le début de la guerre, ne se défendent-ils pas avec la dernière énergie contre les impôts qu'ils auraient dû payer, si on considère les bénéfices énormes qu'ils ont réalisés grâce au blé cher et au prix élevé des bestiaux destinés à la boucherie, etc...

Dans leur défense contre ces impôts, leurs principaux auxiliaires ont été les députés ruraux qui n'hésitaient pas cependant à voter toutes les lois fiscales atteignant l'industrie ou le commerce des villes,

Pour encourager le paysan à cultiver on n'a pas frappé ses bénéfices aussi rudement que ceux des autres citoyens. Peut-être était-il nécessaire d'agir ainsi, mais que fait-on alors du principe de l'égalité devant l'impôt ?

Le bourgeois de son côté, accablé sous les taxes les plus diverses, oppose à l'État toutes sortes d'obstacles pour la perception de l'impôt sur le revenu. La taxe sur le chiffre d'affaires est parfaitement impopulaire. Aussi voyons-nous les rentiers et les commerçants déclarer à tous moments que le contrôle du fisc est insupportable. Ils crient à l'inquisition fiscale, organisent meetings et réunions de protestation, proclament qu'il n'est pas dans le tempérament français d'accepter le perpétuel contrôle des agents de perception et, sous le couvert de tout ce tapage, cherchent à échapper aux lourdes taxes qui les écrasent. Comme il faut tout de même que le budget soit équilibré, l'État constamment en présence du déficit, crée des taxes et des surtaxes nouvelles qui retombent sur les honnêtes gens. Tous les gens scrupuleux en arrivent à payer davantage parce que les autres ne versent pas les contributions qu'ils devraient normalement payer.

Voilà un fâcheux système ! N'est-ce point un ancien ministre qui, du haut de la tribune de la Chambre l'a jugé d'un mot, ironique il est vrai, mais qui résumait tout son discours critique sur l'organisation de la perception des impôts. Il a qualifié de « poires » ceux qui acquittaient intégralement le montant de leurs contributions, voulant dire par là, qu'avec l'actuel embrouillamini des taxes, surtaxes et impôts divers, il était facile aux fraudeurs de se soustraire en partie à leurs devoirs fiscaux et qu'en présence du mauvais exemple il était surprenant que tout le monde ne devienne pas fraudeur.

Pour en revenir aux grandes fortunes, je dois dire que leurs moyens de défense contre les entreprises financières de l'État tiennent surtout dans la possession des principaux journaux d'opinion et dans leurs relations très amicales et même souvent très intimes avec les législateurs. Les moyens d'action ne leur manquent pas. Mais à ce jeu elles entretiennent le développement de ce mal contemporain qu'on appelle la lutte des classes. « Tout l'édifice social, a dit Lamennais, repose sur la résignation des pauvres ».

Le pauvre d'aujourd'hui n'est plus résigné à la manière du pauvre du temps de Lamennais. Sa jalousie des riches est plus âpre, mais elle ne se manifeste plus par ces tempêtes brusques qui ont causé les grandes perturbations sociales. Les organisations ouvrières ont canalisé ce danger en donnant une forme admise par la loi même à toutes les revendications des travailleurs. L'ancienne résignation est devenue une force qui défend des intérêts définis, d'où la lutte continuelle qui met aux prises depuis cinquante ans bientôt ces deux puissances, la puissance syndicale et la puissance capitaliste.

Les convulsions les plus fortes semblent passées

et l'on tend visiblement vers l'équilibre et cela se comprend. Jusque vers 1850, c'est-à-dire jusqu'à l'apparition des voies ferrées et jusqu'au développement des charbonnages, les fortunes françaises étaient plus disséminées et mieux réparties qu'actuellement. Le commerce était prospère, la petite bourgeoisie vivait de petites rentes ou faisait de petites affaires ; le paysan était satisfait de son sort, étant propriétaire de sa terre depuis 1789. La question des grèves n'existait même pas, le droit de grève n'ayant pas encore été accordé aux ouvriers. La jalousie sévissait avec moins d'intensité dans la société, il y avait moins d'amertume dans les rapports entre les petits et les grands.

Les chemins de fer, la grande industrie, le charbon en favorisant l'éclosion des grandes fortunes ont certainement fait tort au bonheur universel et augmenté l'envie. Mais la grosse fortune est une conséquence du progrès économique, une forme de l'évolution des sociétés. C'est pourquoi les impôts qui l'atteignent un peu rudement constituent, en quelque sorte des régulateurs et qu'il est anti-naturel de s'y soustraire.

Cette digression nous a beaucoup éloigné de notre sujet qui était l'idée, mère de toute richesse, et de notre aperçu sur les trusts qui sont la réalisation de l'une des conceptions les plus ingénieuses des temps modernes.

Et ceci m'amène à considérer le cas où il est impossible d'exploiter une idée, car ce cas se présente.

Ainsi il ne suffit pas d'avoir l'idée d'un trust, il faut avoir les moyens de le rendre viable.

Aujourd'hui, il serait impossible d'exploiter la moindre affaire de pétrole ou d'huile minérale sans posséder, à soi ou sous forme de réunion de capitaux, une fortune colossale, puisque toutes les affaires de pétroles du globe se trouvent accaparées par les puissantes Compagnies dont j'ai parlé : la « Schell », la « Standard Oil », la « Royal Dutch ». Toute lutte contre elles est impossible. Elles constituent de véritables autocraties disposant d'un pouvoir économique absolu, et toute petite Compagnie qui se risquerait à tenter une exploitation en dehors d'elles et à lutter contre elles serait broyée en peu de temps.

Il ne suffirait pas d'ailleurs de découvrir un nouveau terrain pétrolifère sur un point quelconque du globe et de réussir à s'en rendre propriétaire pour en assurer l'exploitation rationnelle. Rien que la question de l'outillage nécessaire à l'extraction et au transport supprime dès l'origine, toute possibilité de réussite.

Le pétrole, je l'ai montré en parlant de M. Rockfeller est, après extraction, transporté au moyen de « pipes lines ». La construction seule des pipes lines, qui est aussi difficile que l'établissement d'une ligne de chemin de fer, dont ils empruntent généralement le parcours, exige des capitaux énormes. Ce sont là des travaux initiaux que les Compagnies milliardaires peuvent seules entreprendre. Il suffirait donc à l'une ou l'autre de ces grosses Compagnies de ne pas accepter le pétrole appartenant à une petite Compagnie pour condamner aussitôt celle-ci à mort.

C'est en somme l'aventure qui est arrivée aux petites maisons de commerce de détail, à Paris même, quand les grands magasins dont j'ai parlé plus haut, ont surgi du sol. L'une après l'autre, elles se sont trouvées dévorées par le colosse naissant et c'est ce drame de la fortune des grands magasins, s'augmentant chaque jour de la ruine des petits situés dans leurs zones d'attraction, que l'étonnant roman d'Émile Zola, *Au bonheur des Dames*, a si remarquablement décrit.

Aujourd'hui les quatre « Grands Magasins » de Paris : Bon Marché, Louvre, Printemps et Galeries Lafayette, constituent en leur genre quatre trusts qui se partagent la clientèle parisienne.

Qu'on le veuille ou non, la concentration des affaires est devenue aujourd'hui une véritable nécessité morale. En effet les très grosses maisons représentent l'évolution normale et pratique du grand commerce moderne. C'est que toujours, à la base même de tous les trusts et de toutes les grandes organisations commerciales, on trouve l'exploitation des principes les plus pratiques de la vie d'affaires : le génie directeur, le contrôle des services, le sens des achats, la volonté d'utiliser les moyens de production les plus perfectionnés et donnant le meilleur rendement, la division méthodique du travail pour éviter l'effort inutile et perdu, la mise en œuvre de

toute une ingéniosité qui concourt au fonctionnement parfait de la machine.

Mais si j'admets et si je comprends le trust et la
grande entreprise dont l'existence et le succès s'ex-
pliquent par l'unité de pensée de la direction, je ne
comprends cependant pas du tout le monopole d'État,
qui a cependant l'apparence du trust idéal, puisqu'il
constitue, dans la main d'un seul, la concentration
des moyens de production et l'exclusivité des possibilités de vente. Mais le seul maître ici c'est l'État :
là est le malheur. L'État, ce n'est qu'une personne
indéfinie à qui tout sentiment de direction fait
défaut, à qui manque l'aiguillon de la recherche
du succès.

Qui dirige, qui commande au nom de l'État ?
Des fonctionnaires enfermés dans des règlements,
n'ayant aucune initiative et n'osant pas d'ailleurs
en avoir, convaincus de l'inutilité de la recherche
d'une amélioration dont ils n'auront pas le bénéfice
personnel, manquant du feu sacré que donne le désir
de s'enrichir et sachant, au surplus, que personne ne
pouvant concurrencer l'État, dont ils sont les représentants, les produits qu'ils sont chargés d'offrir à la
consommation, dans des conditions de production
et de vente réglées administrativement, s'écouleront
n'importe comment.

C'est le régime de la basse routine. Nul progrès
n'est recherché. Et l'État vend de mauvais produits,
mal présentés, dont le prix de revient est toujours
exagéré et qui ne lui laissent que des bénéfices

relativement insuffisants. Tel est le résultat du monopole.

C'est qu'en effet, dans l'État, nul n'a un intérêt personnel et pressant à surveiller et à activer les conditions de la production. Il n'y a que les particuliers qui puissent aller vite et sûrement parce qu'un particulier est et se sent responsable. L'État ne l'est pas. Envers qui le serait-il ? S'il dépense trop, tant pis ! Il fera un nouvel impôt. S'il ne vend pas ses produits, peu lui importe, il interdira aux produits étrangers similaires de passer la frontière.

Ayant la force d'imposer ses produits par le monopole, il ne s'inquiète pas de savoir si ses produits plaisent au consommateur. Il n'est soumis ni aux bienfaits ni aux dangers de la concurrence. C'est de là que lui viennent tous ses défauts.

Sa manière de commercer est presque toujours une absurdité. A-t-on besoin d'un exemple : il y en a qui confondent le sens commun.

Prenons les manufactures. Chacune d'elles est inscrite au budget pour une somme représentant ses frais d'exploitation. Or un acheteur ne peut pas, même en offrant de payer comptant, faire une commande dans une manufacture, si les crédits affectés par l'État aux travaux à exécuter dans l'année à cette manufacture sont épuisés. La commande est impitoyablement refusée.

L'exploitation commerciale et industrielle par l'État aboutit presque toujours d'ailleurs à des déficits et il suffit de considérer celle des chemins de fer pour en être convaincu.

Les comptes d'exploitation des six grands réseaux français pour l'année 1921 ont été publiés en 1922. Nos chemins de fer ont traversé pendant la guerre et depuis une crise effroyable. Deux d'entre eux, le Nord et l'Est ont eu à refaire la presque totalité de leurs ouvrages d'art et une partie de leurs voies. L'augmentation du prix des denrées les a contraints à tripler les appointements de leur personnel et à augmenter les retraites ; la journée de huit heures les a forcés à augmenter de 20 à 25 % l'effectif de ce personnel. Pour faire face à toutes ces difficultés il a fallu relever les tarifs et rechercher toutes les économies réalisables.

Au 1er janvier 1922, la Compagnie P.-L.-M. avait réussi à équilibrer à peu de choses près ses dépenses et ses recettes, l'Orléans et le Midi se trouvaient dans une situation presque aussi favorable ; le Nord et l'Est achevant leurs travaux de reconstruction et de réfection accusaient encore un gros déficit. Mais enfin le déficit total de ces cinq Compagnies indépendantes ne dépassait pas 800 millions.

Le réseau de l'État, qui n'avait pas eu un seul pont détruit pendant la guerre, offrait à lui seul un déficit de *plus d'un milliard*. Plus que toutes les autres Compagnies réunies !

Est-il comparaison plus éloquente que celle-là.

Dans tous les domaines où son inactivité s'exerce, l'État arrive à des résultats identiques.

Quelques années avant la guerre, le service colonial au Havre eut à expédier à la Martinique 300 tonnes de matériel. Un appel à l'adjudication fut lancé en conséquence... Sur ce, un voilier en partance pour Fort-de-France, qui se trouvait sans chargement et qui était obligé de se lester avec des galets qu'il payait 5 francs la tonne, offrait au service colonial de transporter 300 tonnes de matériel au prix de 9 francs la tonne. Mais il fallait la réponse dans les trois jours en raison du départ du voilier. N'importe quel patron d'une industrie ou d'une maison de commerce eût dit oui dans les trois minutes.

Là, l'offre étant contraire aux règlements, le service colonial dut en référer au ministère. La proposition courut de bureaux en bureaux et quand l'acceptation revint enfin, le voilier était arrivé à Fort-de-France. L'État fut obligé d'adjuger le transport de son matériel au prix de 40 francs la tonne.

Les faits de ce genre sont innombrables et chaque jour l'inaptitude de l'État à profiter d'une bonne affaire se manifeste avec éclat.

Dans le commerce et l'industrie privés une décision se prend en quelques secondes et est exécutée télégraphiquement ou téléphoniquement. Rien de pareil avec l'État. Les administrations centrales des ministères ne peuvent agir ainsi. Toute décision qui serait prise en dehors de celles prévues par les règlements semblerait révolutionnaire et redoutable. On conçoit aisément les pertes de temps, de personnel et d'argent qu'entraîne une procédure de ce genre.

Les lenteurs de la transmission par voie hiérarchique achèvent de paralyser le système et constituent un véritable fléau.

Le gaspillage est au nombre des tares qui résultent de l'organisation de l'État. Entre les milliers d'exemples qu'on pourrait citer, il en est un qui est connu et même célèbre.

Avant la guerre un crédit annuel d'une centaine de mille francs était affecté à l'entretien de la place forte de Verdun. Or, pendant une dizaine d'années de suite, on vit régulièrement s'élever des bâtiments qui étaient non moins régulièrement démolis avant décembre pour être recommencés au début de l'année suivante. L'explication était simple. Le commandant de la place tenait à épuiser, par ces travaux, la totalité de ces crédits, car il craignait, s'ils n'eussent été tous employés, de les voir diminuer d'autant l'année suivante et de ne pouvoir les faire rétablir le jour où il en eût eu réellement besoin.

Imagine-t-on rien de plus ridicule.

L'État français n'a d'ailleurs pas le fâcheux privilège de l'inaptitude commerciale et industrielle. Les vices du régime étatiste sont les mêmes partout. L'histoire de la vie de l'ingénieur anglais Bessemer en est une preuve.

Quand cet homme de génie, en 1886, inventa le convertisseur qui permet d'extraire des fontes grises, au prix moyen de 18 francs les cent kilos, un acier brut revenant auparavant à 30 francs les cent kilos, c'est-à-dire le moyen de révolutionner toute la métallurgie, et par la métallurgie les chemins de fer, et par les chemins de fer le monde entier, il lui fut impossible d'obtenir de l'État britannique le moindre concours.

Pourtant son invention était pour l'Angleterre une source de richesse. Auparavant, elle ne produisait que 50.000 tonnes d'acier par an. Dans la suite elle en produisit 750.000 tonnes.

Cependant l'État ne le comprit que bien longtemps après tout le monde. Il repoussa pendant vingt ans ce progrès qui fit ensuite gagner au pays 4 milliards 250 millions de francs.

On voit ce qui serait advenu si l'État britannique avait dirigé toutes les usines métallurgiques. Il aurait retardé pendant vingt ans le progrès qui a enrichi le pays. Heureusement que de simples patrons intelligents et responsables étaient là. L'initiative privée entreprit ce que l'État se refusait à examiner.

L'incompréhension des situations d'exception conduit l'État à s'apercevoir toujours trop tard de ce qu'il aurait fallu faire pour satisfaire aux besoins publics. Une administration irresponsable ne sait pas réunir des stocks pour se prémunir contre une disette. En aurait-elle l'idée qu'elle ne le pourrait pas, faute de crédit pour acheter plus qu'il n'est prévu par le budget. C'est pour cette raison que l'État s'est montré si mauvais fournisseur de tabacs et d'allumettes pendant la guerre. Ces deux produits ont manqué pendant quatre ans dans tous les bureaux de tabac de France et de Navarre, et l'État a perdu de ce fait des sommes considérables.

Mais qu'il s'agisse du tabac, des allumettes, des poudres, ou du service des P. T. T., qui constituent ses monopoles principaux, a-t-il jamais réussi à satisfaire sa clientèle forcée et n'est-ce pas un concert de plaintes qu'on entend tout au long de l'année, d'un bout de la nation à l'autre ?

Ces monopoles, sauf peut-être celui des poudres, qui peut s'expliquer par la nécessité nationale d'un contrôle, sont autant d'absurdités commerciales.

L'État aurait le plus grand intérêt à laisser à l'initiative privée le soin de produire et de vendre le tabac et les allumettes et peut-être aussi celui de transporter notre correspondance. Pour le tabac et les allumettes, il y aurait à coup sûr, dans l'industrie privée un sentiment de concurrence qui se traduirait par une meilleure qualité des produits et par une plus grande élégance de présentation. Les allumettes prendraient feu et les fumeurs auraient du tabac fumable ; Quant à l'État, il percevrait en douane des sommes bien supérieures aux bénéfices qu'il retire de son exploitation.

Ce serait, en tous cas, un excellent moyen de développer la culture du tabac en France. Il y aurait diminution d'exportation et pour autant, amélioration de notre change.

Le procès de l'État commerçant n'est plus à faire. Qu'il soit constructeur de navires ou de canons, l'État trouve toujours le moyen de produire à des prix qui dépassent sensiblement ceux de l'industrie privée. La production de nos arsenaux de la Marine n'est-elle pas, à ce titre, l'exemple attristant qu'on cite le plus volontiers ?

S'il est acheteur, c'est encore pis ! Tous les achats de blé, de drap, d'essence, pendant la guerre, la distribution de la manne réparatrice aux régions dévastées depuis la signature de la paix, montrent à quel point l'incapacité de l'État marchand est déplorable. La moindre affaire privée, conduite comme celles de l'État, ne durerait pas même quelques années.

Le service du ravitaillement a publié en 1921 un ouvrage particulièrement instructif où il raconte sa propre histoire. Sa conclusion se passe de commentaires : il avoue que son compte se solde par un déficit de 5.607.904.000 francs.

Sans doute serait-il injuste de méconnaître que les directeurs de l'organisation improvisée du ravitaillement se sont trouvés en présence de difficultés exceptionnelles et qu'il leur a fallu procurer à la population la quantité de nourriture nécessaire sans trop tenir compte des prix. Mais tout de même, 5 milliards et demi de déficit, quel chiffre !

Je me résume en quelques mots. Tout monopole d'État est une erreur économique parce qu'il manque à l'État le moteur essentiel : l'énergie individuelle, exaltée par la volonté de parvenir à la fortune. La concurrence étant supprimée, le stimulant essentiel disparaît. Au lieu de chefs responsables, des directeurs qui ne sont que des commis. Ainsi nul n'est intéressé directement au succès. Pas d'actionnaires. Les parlementaires qui les remplacent, au lieu de pousser à l'économie, poussent à la dépense. Pas de contrôle minutieux et pas d'initiative. Rien enfin de ce qui fait la force des entreprises particulières.

Il n'y a donc pas d'erreur possible. L'affaire commerciale la mieux dirigée est celle qui ne dépend que d'un seul patron. Une entreprise est déjà plus difficile à conduire avec deux associés ; elle se complique avec la multiplicité des patrons ; elle devient impossible quand elle est constituée par une Compagnie désastreuse, impersonnelle et irresponsable comme l'État.

Et c'est si vrai que toute affaire commerciale montée en Société, pour se rapprocher le plus possible du principe de la maison conduite par un seul patron, confie sa direction à un administrateur délégué responsable devant elle et ayant les pouvoirs directoriaux d'un chef unique. C'est le seul moyen de réussite possible. Les Goncourt, puissants observateurs de la société moderne, l'avaient parfaitement remarqué, quand ils consignaient dans leur « Journal », cette réflexion si exacte :

« Les assemblées, les compagnies, les sociétés peuvent toujours moins qu'un homme. Toutes les grandes choses de la pensée, du travail, sont faites par l'effort individuel, aussi bien que toutes les grandes choses de la volonté ».

Nul, dans sa vie commerciale, ne peut échapper à l'erreur. L'erreur est humaine, là comme ailleurs.

Mais chaque erreur, se payant généralement cher, sert de leçon au chef de maison qui l'a commise. De leçons en leçons, l'expérience s'acquiert et devient une véritable assurance contre l'erreur, de sorte que le moment arrive très vite où le patron, seul responsable de son affaire, devient un maître dans sa partie, un homme sûr de lui dont les conseils même ont du prix. Mais cette expérience, si précieuse qu'elle constitue comme une part du capital du commerçant, ne peut être acquise que par quelqu'un qui a de l'initiative personnelle.

Un routinier, s'enfermant dans des habitudes anciennes qui ont fait leurs preuves, ne risque pas de commettre d'erreurs mais il n'acquiert pas d'expérience réelle. Le fonctionnaire, type parfait du routinier, ne représente qu'un rouage d'une énorme machine. Il fait son métier de rouage et n'en peut faire d'autre. Toute initiative et toute expérience nouvelle lui sont donc refusées. Il reste un employé qui applique des directives immuables et ne peut ni ne songe d'ailleurs à les modifier, comme le ferait un patron, selon les besoins du moment ou de la clientèle, selon les événements, selon les variations des récoltes ou des cours. On ne demande pas à un rouage de penser !

Pour arriver à l'absolu sûreté de soi, au milieu des difficultés commerciales, les années de travail, les nuits de réflexion sont nécessaires. L'expérience profitable est à ce prix.

Elle s'acquiert d'ailleurs dans toutes les branches

de l'activité humaine et tout comme le commerçant, le savant, l'artiste, l'écrivain, arrivent dans leur métier à cette maîtrise extraordinaire qui étonne le profane et plonge dans l'admiration quiconque n'est pas du métier. Cette théorie de l'expérience, c'est au fond la théorie du perfectionnement qui est une loi pour toute élite.

Aussi dirai-je que c'est certainement une erreur du communisme intégral que de croire que l'ouvrier peut prendre, au pied levé, la place du patron. L'ouvrier ne peut pas plus se mettre à diriger une entreprise qu'un patron ne peut avoir la prétention de remplacer un ouvrier à sa machine. Tous deux se trouveraient en face de difficultés qui échappent à leur expérience particulière et ils ne tarderaient pas à constater leur impuissance. Et ceci me fait penser à la doctrine socialiste qui veut, par principe d'égalité, que tous les ouvriers touchent le même salaire.

Pour empêcher les patrons de pratiquer ce qu'on a appelé l'exploitation de l'ouvrier, on a, dans toutes les corporations, créé un tarif uniforme appelé tarif syndical. Une des conséquences inattendue de ce système, né pourtant d'un sentiment de justice, n'a-t-il pas été de diminuer l'amour que l'ouvrier avait pour son métier, d'atrophier son désir de mieux faire, de diminuer son application !

A quoi bon, se dit-il, faire mieux que cet autre qui fait mal, puisque je ne serai pas payé davantage ?

Cet état d'esprit ne sévit-il pas aujourd'hui dans nombre d'ateliers. Ne travaille-t-on pas moins bien ; n'a-t-on plus le désir de faire mieux que son voisin, de mettre en lumière ses dons d'artisans et peu à peu, la renommée qu'avait l'ouvrier français dans le monde entier ne s'amoindrit-elle pas ? Les articles fabriqués chez nous avaient un fini, un caractère artistique qu'ils risquent de perdre peu à peu. L'univers les préférait à tous les autres : il est à craindre, si l'on ne trouve pas le moyen de remédier à ce danger, que notre clientèle séculaire songe à nous être infidèle. Qu'on réfléchisse à ce problème.

Certes je suis de ceux qui reconnaissent hautement la nécessité de la défense syndicale ouvrière. Je reconnais que le bourgeois, industriel ou commerçant est enclin naturellement à exploiter ceux qu'il fait travailler. L'ouvrier a raison de se défendre quand il se croit menacé : mais je suis bien obligé de constater que l'industrie nationale souffre de cette unification des tarifs. Toute perte dans la qualité de la production est préjudiciable au pays d'abord, au patron ensuite et retombe finalement sur l'ouvrier lui-même, puisque les commandes diminuent et que la diminution de la production entraîne le chômage. Aussi est-ce dans l'intérêt même des ouvriers que je leur conseille de revenir entièrement à cet amour de leur métier, à ce souci du travail bien fait qui était l'orgueil de leurs ancêtres. Ils ne sont pas responsables de la manière, souvent légère, dont nos lois sont faites, aussi, dirai-je en me tournant vers les législateurs que toute loi, toute mesure sociale, devraient être étudiées, non seulement par rapport à la catégorie humaine qu'elles ont mission de protéger, mais encore dans sa répercussion sur la vie économique générale.

Mais quel génie il faudrait pour faire en toutes circonstances la psychologie des lois et des projets !

# V



Les grandes fortunes ont été faites, en majeure partie, aux époques les plus troublées de l'Histoire et, le plus souvent, pendant ou après les grandes crises économiques et monétaires.

Les révolutions, en bouleversant l'ordre social momentanément établi, ont toujours déplacé les richesses. Plus qu'elles encore, les guerres ont ruiné les uns et enrichi les autres. Il n'y a pas, à cet égard, d'exemple plus frappant que la grande guerre de 1914-1918.

Bornons-nous à examiner ce qui s'est passé en France. La situation industrielle s'est trouvée en quelques semaines, complètement bouleversée. Par suite de l'invasion de la région du Nord, les industries, pour ne pas disparaître complètement, ont été contraintes de venir s'installer, les unes dans la région parisienne, les autres dans les départements où la présence du charbon et de la houille blanche facilitaient la réorganisation du travail. Il a fallu créer avec une célérité quasi-américaine des usines de toutes sortes, des hauts-fourneaux, des tréfileries, des métallurgies.

Une véritable danse de l'or a commencé.

Tout étant nécessaire pour faire face aux besoins inédits que les événements faisaient surgir, l'État faisait fabriquer, construire, confectionner en grand et achetait par quantités énormes. Canons, munitions, tracteurs, équipements, essence, pétrole, caoutchouc, denrées alimentaires, etc., etc., tout ce que dévore une armée de dix millions d'hommes a fait l'objet de marchés colossaux. Des fortunes se sont édifiées ainsi, facilement, rapidement.

Ce n'est pas mon rôle de rechercher si ces fortunes ont été toutes faites légitimement. Je me borne à enregistrer les résultats du plus prodigieux des bouleversements modernes et j'ajoute qu'en réalité le mérite personnel de ces enrichis nouveaux n'apparaît pas nettement.

Quant aux gens ordinairement actifs et ingénieux, quant à ceux qui dans le développement de leurs affaires ont toujours montré beaucoup d'idées, cette période ne leur a guère laissé que de l'amertume. Point n'était nécessaire d'être un aigle en matière commerciale pour gagner beaucoup d'argent et rien n'était plus décevant que de voir des gens sans passé, sans surface, parfois sans aucune connaissance des affaires, réaliser des bénéfices considérables aussi aisément que les hommes de haute valeur, ayant fait leurs preuves.

En réalité, le mérite personnel de ces enrichis nouveaux apparaît plutôt mince. On peut dire, pour ceux-là, que la fortune est venue les prendre par la main.

Je tiens à faire une expresse réserve cependant pour ceux qui, ne possédant ni usine, ni maison de commerce, ni affaire d'aucune sorte antérieure à la guerre, ont sans scrupules exploité la situation et, soit comme intermédiaires, soit comme créateurs de négoces éphémères, mais ayant l'exploitation de la guerre pour seul et unique objet, ont réalisé des fortunes sur les malheurs de la patrie et le deuil national. Ceux-là sont infiniment méprisables. Ce ne sont pas des commerçants au noble sens du mot. Le public ne s'y est pas trompé puisqu'il leur a donné le nom de « mercantis » et leur a voué une haine profonde. Plus tard le qualificatif de « mercanti » s'est généralisé, à tort d'ailleurs, et a été appliqué à tous les commerçants que les prix élevés de la matière première et de la main-d'œuvre obligeaient à augmenter leurs prix de vente. Toute généralisation risque de devenir une erreur. L'opprobre n'a été réellement méritée que par les parasites et les exploiteurs de la guerre.

Il est plus curieux d'examiner le cas de ceux qui,

n'ayant rien à fournir à l'État, ont trouvé dans leur imagination le moyen de gagner légitimement beaucoup d'argent, en mettant simplement les circonstances à profit. Il y en a.

Tel est le cas, notamment, d'un de mes amis qui eut l'idée de recueillir et d'utiliser la quantité prodigieuse de déchets de cuisine qui se perdaient quotidiennement sur l'arrière-front.

Ce garçon imaginatif et pratique en même temps, créa des porcheries dans la zone de sécurité la moins éloignée de la ligne de feu et, à l'aide de camions de rebut qu'il avait achetés, il alla partout ramasser ces innombrables résidus de la nourriture des armées. Et presque pour rien — pour le prix de l'essence et le prix des journées des hommes qu'il employait — il put nourrir et élever un troupeau important de porcs qui s'accroissait et se renouvelait sans cesse. La viande de porc était alors — comme aujourd'hui d'ailleurs — à un prix extrêmement élevé. Notre homme réalisa donc en peu de temps une fortune très appréciable.

Malheureusement pour lui, il ne sut pas s'arrêter quand il le fallait et comme tant d'autres, il paya son excès de confiance en une idée bonne, mais dont l'exploitation n'était pas inépuisable. Il ne sut pas prévoir la crise qui succéda à l'ère de prospérité et laissa passer le moment où il eût été sage de limiter l'expansion de ses affaires. Il apprit alors à ses dépens toute la vérité contenue dans le vieux proverbe : « Qui trop embrasse, mal étreint ».

Plus pondéré fut un de mes collègues, M. S...,
qui possédait des maisons de commission très importantes dans toutes les grandes villes de Chine
et qui voyait, malgré ses efforts, ses affaires péri-
cliter. Survint la guerre russo-japonaise. M. S... ne
manquait pas de sens pratique : il se dit, qu'avec
ce cataclysme fondant sur la vieille terre asiatique,
une occasion de gagner de l'argent s'offrait certainement à lui : mais laquelle ?

L'idée était à chercher. Il la trouva. Pendant
toute la durée des hostilités, il envoya des trains
entiers de champagne dans les lignes russes. Ce qu'il
vendit ainsi de bouteilles à des prix élevés est inimaginable. Aussi, quand la guerre prit fin, avait-il
réalisé une fortune considérable.

D'autres ont fait fortune malgré eux. Si étonnant
que cela paraisse, il arrive parfois ainsi qu'on fait
fortune malgré soi, parce qu'on est soumis aux grands
événements heureux tout comme on est, à de certaines époques, le jouet des événements malheureux.
C'est ce qui est arrivé également pendant la guerre
à un autre de mes amis. Ce garçon était soldat de
deuxième classe comme moi. Il était marchand de
cuirs dans le civil, et la mobilisation, l'enlevant du
jour au lendemain à ses affaires, l'avait obligé à
fermer sa maison. Il s'en plaignit à moi, d'autant
plus amèrement que l'année 1913 et le début de 1914
avaient été mauvais pour lui et que la déclaration
de guerre l'avait laissé dans une situation difficile.

« A quelque chose malheur est bon », dit-on parfois. Il devait bientôt s'en apercevoir. Tout d'abord le moratorium, suspendant l'obligation du payement des effets et des traites, supprima pour lui le souci des règlements difficiles. Ensuite, derrière les portes closes de ses magasins des stocks importants de cuirs dormaient...

Il y a un an, j'aperçus soudain, sur le boulevard, mon ancien soldat de 2e classe dans une superbe limousine, en compagnie de sa femme qui avait au cou un magnifique collier de perles et aux doigts des bagues enrichies des trois pierres de couleur les plus rares et les plus précieuses.

Sa voiture s'arrêta ; il descendit et nous bavardâmes. Je le félicitai de l'heureux changement apparent de sa situation et lui rappelai ses appréhensions du début de la guerre. Il m'expliqua que son mérite personnel était étranger à cette prospérité : le temps seul avait travaillé pour lui. La guerre finie, il était rentré chez lui et avait simplement rouvert ses magasins : ses stocks de cuirs, en quatre ans et demi, avaient automatiquement décuplé de valeur.

— Et voilà, conclut-il, comment les alouettes me sont tombées toutes rôties dans le bec.

Un proverbe russe dit : « Quand un homme a fait fortune en une année, il aurait été bon de le pendre douze mois plus tôt ».

Cet âpre proverbe vise évidemment les fortunes réalisées incorrectement et il me fait penser à la boutade d'Henry Rabusson, qui fait dire à l'un de ses

héros, dans l'*Aventure de M<sup>lle</sup> de Saint-Aulaire* :
« Un financier a toujours un bagne dans son passé :
celui auquel il a échappé, quand ce n'est pas celui
d'où il s'est échappé ».

Les financiers, sans doute parce que leur commerce
est celui de l'argent, sont, au demeurant, bien plus
souvent en butte aux sarcasmes des écrivains que
les industriels et les commerçants. On prête plus
volontiers à leurs fortunes des origines douteuses.

N'est-ce point un vieux fripon de banquier qui,
répondant à un novice désireux de savoir quel
chemin il fallait prendre pour arriver à la fortune,
disait :

— C'est bien facile : prenez à droite, prenez à
gauche, prenez de tous côtés.

Ce pernicieux conseil semble avoir été celui qu'ont
suivi pendant la guerre, et même depuis, ceux à qui
le public a donné le nom de « mercantis ».

Que veut dire « mercanti » ? Le mot vient évidemment de Mercure, dieu du commerce.

Je comprends donc qu'il faut entendre par « mercanti », un intermédiaire entre le producteur et le
consommateur. C'est donc bien un commerçant.

D'où lui vient donc la défaveur populaire dont
il a été l'objet ? De ce qu'il a réalisé des bénéfices
très supérieurs à ceux que les prix d'achat des
marchandises qu'il vendait, ne l'autorisait à réaliser.
Il y a du vrai dans ce reproche. Y en a-t-il autant
qu'on se plaît à le croire ?

Incontestablement, depuis l'apparition de la vie

chère, vers 1916, du haut en bas de l'échelle commerçante, les affaires se sont traitées avec des bénéfices proportionnellement beaucoup plus considérables qu'avant la guerre.

Les négociants qui ont voulu se contenter de bénéfices normaux n'ont pas été récompensés de leur vertu. Pris eux-mêmes par la hausse de toutes les dépenses, — denrées de consommation, impôts, objets et ustensiles nécessaires à la vie courante, etc., etc., — ils n'ont pu couvrir leurs frais avec leurs bénéfices restreints et ils se sont ruinés pour la plupart, entraînant dans leur ruine, ceux qui avaient eu confiance en eux.

Tel fut le cas de M. X..., que j'ai constaté moi-même. Avant la guerre, il possédait une fortune d'environ 800.000 francs. Grâce à un labeur acharné, il a gagné pendant la guerre 1 million 500.000 francs. Mais là-dessus il a dû payer à l'État environ la moitié. — Déduction faite de ses dépenses personnelles, son capital se trouvait donc représenter à ce moment environ 1 million 300.000 francs.

L'activité des affaires l'obligea à réunir un stock très important de marchandises achetées en partie à crédit. En effet, il ne tarda guère, pour faire face aux besoins de sa clientèle qu'il croyait certains, à avoir chez lui pour 4 millions de marchandises. La crise, qui secoua toutes les branches de l'activité commerciale, survint au milieu de l'année 1920 et fit rapidement tomber la valeur de cette marchandise à 40 % du prix d'achat. Il se trouva donc presque du jour au lendemain avec un stock ne valant plus que 1.600.000 francs et une dette de 2.400.000 francs.

Admettons que ce commerçant ait été imprudent. Il n'en reste pas moins vrai, qu'à une époque particulièrement dangereuse, il n'a pas su réaliser des bénéfices proportionnellement assez importants pour faire face à une baisse possible et qui s'est produite malheureusement pour lui. Sans être un mercanti, un commerçant a le devoir de prévoir de telles sautes de prix des marchandises et de se prémunir contre les périodes de vaches maigres par des bénéfices compensateurs réalisés pendant les périodes de vaches grasses.

Le grand trouble-effort, pour tout commerçant, c'est l'instabilité des changes. Nous assistons, au passage du moindre nuage sur l'horizon politique et parfois même sans aucune raison apparente, à des bonds fantastiques de la livre sterling et du dollar. N'avons-nous pas vu la livre monter en moins d'un mois de 45 francs à 80 francs !

Le commerçant, qui se contenterait, dans de telles conditions, d'un bénéfice de 6 % pour le gros (proportion des bénéfices d'avant-guerre), serait actuellement un simple fou. Il risquerait de vendre à perte toute marchandise achetée quelques semaines auparavant.

Jamais le commerce ne s'est trouvé dans une situation aussi difficile et dangereuse que pendant ces moments de variation soudaine et énorme de la valeur de l'argent.

On me dira : ce qui fait le malheur des uns fait le bonheur des autres. Sans doute, selon qu'un commerçant est acheteur ou vendeur il se désole ou se réjouit de la hausse de la livre. Mais celui qui se réjouit aujourd'hui ne devra-t-il pas se lamenter demain ? La vérité, c'est qu'en matière commerciale il ne peut y avoir de solidité et d'équilibre des bénéfices que par la stabilisation des changes.

Les commerçants qui ont les « reins solides » comme on dit et qui par cela même ont une grande philosophie, prennent le parti de se laisser porter par les événements. Ils travaillent comme si l'argent ne changeait pas de valeur chaque jour. Ils perdent pendant deux ou trois mois et gagnent pendant deux ou trois autres. A la fin de l'année, ils font la balance... Mais ce système n'est pas à la portée de tout le monde et nombreux sont ceux à qui la lecture du tableau du cours des changes du *Temps* a donné le soir des sueurs froides.

Jamais la saine logique n'est intervenue dans ce terrible problème des changes. Le hasard, qui comme chacun sait est aveugle — semble en diriger les fluctuations désordonnées et l'on songe malgré soi aux tempêtes qui soudainement secouent la mer. A chaque coup quelque pêcheur fait naufrage.

Je ne dis pas cela pour justifier les actes des mercantis. S'ils ont gagné beaucoup d'argent pendant la guerre, ils en ont pour la plupart beaucoup rendu depuis et la loi sur les bénéfices de guerre, encore qu'elle n'ait pas toujours atteint son but, a régularisé bien des choses.

Sans insister sur les possibilités de richesse que les événements exceptionnels comme les guerres apportent avec eux, il ne manque pas de cas où la fortune se plaît à venir, comme par caprice, se loger sous le toit de celui qui ne pensait guère à elle.

Est-il chance plus extraordinaire que celle de ce paysan de l'Oural qui, en labourant son champ, mit au jour un bloc de rocher qu'il prit pour une variété de cristal. Il s'arrêta de labourer, l'examina, le trouva curieux et, comme il n'en avait jamais vu de semblable, le rapporta dans sa chaumière.

Le bloc, nettoyé, lavé, lui apparut d'un magnifique vert bouteille. Il le plaça sur une table.

Quelle ne fut pas sa stupéfaction, le soir, en voyant qu'à la lumière, le bloc, de vert était devenu d'un rouge intense. Un véritable rayonnement de feu s'en dégageait et illuminait la pièce où il était. Ce paysan avait simplement trouvé l'Alexandrite, appelée ainsi en raison du cadeau qui fut fait au Tzar Alexandre de la première pierre que les lapidaires taillèrent. Or cette Alexandrite est certainement la pierre précieuse la plus curieuse du monde, puisqu'elle a la propriété d'être verte à la lumière du jour et rouge pendant la nuit. Jamais on n'en a retrouvé nulle part. Aussi le bloc découvert par le paysan de l'Oural représentait-il, dès cette époque, une fortune colossale.

La richesse vient parfois en dormant ou en se promenant. Un chemin de fer nouveau qui traverse une propriété lui donne du même coup une valeur qui peut être énorme. Combien de sources de pétrole, de mines de cuivre, d'or, d'argent, de diamant ont été découvertes par pur hasard. La fortune n'en est pas moins venue à ceux qui avaient eu la chance de les trouver les premiers.

Quand il plaît à la fortune de prendre quelqu'un par la main elle le fait toujours au moment où l'on y pense le moins. Elle n'a qu'un cheveu, affirme la légende qui recommande de le saisir au passage. Mais bien souvent ce cheveu vient de lui-même se faire prendre. En voici un exemple :

M. C..., petit employé à 80 francs par mois chez un antiquaire, quitta sa place après avoir trouvé un commanditaire pour pouvoir travailler à son compte et librement. Un ami de ce commanditaire avait, à la même époque acheté, près de Pompéï, un terrain dans lequel il découvrit une maison ensevelie. Il l'exploita modestement jusqu'au jour où il s'associa à M. C... Les fouilles reprirent alors avec plus d'ardeur et bientôt les deux associés mirent au jour un admirable service en argent, très connu depuis sous le nom du « Trésor de Bosco Réale ». Le baron de Rothschild le leur acheta pour 600.000 francs. Le trésor est allé depuis au Louvre, à qui le baron de Rothschild l'a offert, sauf quelques pièces que M. C..., devenu lui-même grand antiquaire, proposa de racheter pour 800.000 francs.

Et ce commis voyageur qui gagnait péniblement

sa vie en parcourant les villes de l'Amérique du Nord pour y vendre des bas et des chaussettes ! Son aventure n'est-elle pas étonnante ?

Se trouvant à Prairie-des-Chiens, dans le Visconsin, il remarqua dans la rue des gamins qui jouaient aux billes avec des boules aux couleurs délicates et chatoyantes.

— Que les billes sont jolies dans ce pays-ci, se dit-il, et il demanda aux enfants où ils se les étaient procurées.

— Vous en trouverez chez l'épicier, répondirent les bambins ».

Chez l'épicier en effet il y en avait plein des bocaux et notre commis voyageur en rapporta quelques-unes.

De retour à New-York, il montra son achat à diverses personnes et notamment à des bijoutiers. Quelle ne fut pas sa surprise d'apprendre que ces billes étaient de superbes perles d'eau douce. Aussi revint-il à Prairie-des-Chiens pour en acheter d'autres. Aujourd'hui, les bancs d'huîtres perlières du Mississipi, qu'il avait ainsi rencontrés par hasard sont fameux, car on en tire la nacre avec laquelle on fabrique des boutons et quantité de menus bibelots. Les pêcheurs du Mississipi ne se doutaient guère de la valeur de ces perles puisqu'ils en faisaient des billes. Inutile d'ajouter que le commis voyageur heureux a tiré de sa découverte un avantageux profit.

Tout le monde ne peut pas avoir de pareilles chances, mais quand il arrive que par un caprice miraculeux la fortune vient jeter à vos pieds des trésors inestimables, il faut savoir conserver tout son sang-froid pour ne pas avilir le prix et la valeur de la découverte.

Qu'il s'agisse de pierres précieuses, de métaux, de pétrole ou de toute autre denrée, chacune a son marché en ce monde, et bien maladroit serait celui qui, cédant au désir d'une réalisation trop rapide, ne tirerait pas, de ce que le hasard lui a apporté, tout le bénéfice qu'une exploitation organisée, dans le temps, selon les besoins généraux, doit normalement procurer.

S'il opérait autrement, on pourrait presque considérer qu'il commet une véritable indélicatesse à l'égard de ceux qui sont détenteurs de marchandises identiques et qui les vendent à des cours déterminés. Vendre au-dessous de ces cours c'est en même temps compromettre la valeur productive de toute une branche de l'activité commerciale et, par répercussion, nuire à soi-même.

Il arrive aussi parfois qu'on repousse, parce que tel est le devoir présent, l'occasion qui s'offre, sinon de faire fortune, du moins de gagner beaucoup d'argent. J'en puis parler en connaissance de cause : cela m'est arrivé.

En 1916, à l'époque où les journaux menaient une ardente campagne pour les canons et les munitions, j'avais quelques fonds disponibles. Je crus qu'il était de mon devoir patriotique d'offrir mon argent pour le développement de la production du matériel de guerre. Je m'adressai alors à diverses personnes susceptibles de me mettre en rapport avec les « autorités compétentes ».

Je fus présenté à un très gros personnage de la partie qui avait reçu lui-même la commande d'un million d'obus de 155, en fonte aciérée. Il me proposa d'affecter mes fonds disponibles à la commande de trois fortes presses en Amérique. Cette commande représentait une dépense de quelques millions qui devait être largement couverte, d'après lui, en moins d'une année.

J'avoue que je fus épouvanté à l'idée de réaliser une véritable fortune, ou tout au moins de gagner énormément d'argent en fabriquant des engins de ruine et de mort. J'ai décliné la proposition, ne désirant qu'un bénéfice régulier sur une affaire de ce genre.

Mon cas, certes, n'est pas unique, et l'on peut affirmer qu'à côté des fortunes considérables réalisées pendant la guerre et par la guerre nous avons manqué de nombreuses occasions de faire des affaires avantageuses en travaillant, hors de France, soit pour la défense nationale directement, soit pour la conquête des marchés disponibles et le relèvement économique d'après-guerre. L'Allemagne commerçante, chassée de tous les points du globe où elle avait installé des succursales et des comptoirs, laissait des places libres qu'il eût été de bonne politique de s'assurer. Il eût fallu pour cela que l'initiative privée fût secondée par l'État. Hélas, non seulement l'État n'a jamais songé à favoriser la conquête des marchés abandonnés par les Allemands, mais il a découragé les bonnes volontés qui avaient la clairvoyance de vouloir préparer l'après-guerre.

C'eût été si facile cependant !, et l'on ne songe pas sans frémir à ce qu'eussent fait les Allemands s'ils s'étaient trouvés maîtres de la mer et libres d'envoyer des équipes de négociants partout où il y aurait eu des places libres. Ce qu'ils savaient faire dans ce domaine avant la guerre aurait dû être pour nous une excellente leçon.

J'ai été témoin de la mise en œuvre de leurs méthodes.

L'affaire mérite d'être contée car elle eût pour théâtre une colonie britannique et l'on sait que les Anglais ne se laissent pas volontiers supplanter dans le domaine commercial. C'est à Bahrein que se place cette aventure.

Bahrein, est le grand centre du marché des perles fines, dans le golfe Persique. Quand, dans les premières années d'existence de notre commerce de perles, mes frères allèrent à Bahrein pour effectuer nos achats, ils furent bon gré, mal gré, obligés de se mettre en relations avec une grande maison de commission anglaise qui existait sur la place depuis de longues années et qui semblait n'avoir à craindre aucune rivale. On vendait de tout en ses innombrables rayons : nouveautés, épicerie, articles de voyage, corderie, équipements coloniaux, fournitures pour bateaux, etc., etc.

La maison n'ouvrait ses portes qu'à 10 heures du matin ; elle les fermait dès 5 heures de l'après-midi et le « week end » durait du samedi midi au lundi. Il fallait en passer par là. Le propriétaire, très conservateur, comme le sont en général les Anglais, n'aurait pas sacrifié une heure de sport pour la meilleure affaire du monde. Que craignait-il d'ailleurs ! Aucune concurrence n'existait ni ne paraissait même possible.

Un jour, on vit débarquer dans le port un petit commissionnaire qui arrivait de Hambourg. Il semblait sans prétention. Il ouvrit une très modeste maison, tout près de la grosse maison anglaise et se mit à vendre les mêmes articles qu'elle.

Dès 6 heures du matin les portes en étaient ouvertes et des commis empressés étaient à la disposition des clients ; à 7 heures du soir, au plus tôt, elle fermait. Pas de « week end ».

Ce n'est pas tout. Au lieu d'attendre la venue du client, l'Allemand allait le chercher à domicile, lui épargnait toute peine, toute difficulté.

Il fit tant et si bien, qu'au bout de quelques années, la grosse maison anglaise avait périclité, tandis que la sienne avait pris la première place.

On ne comptait plus en 1914, les succès commerciaux des Allemands ; ils avaient des comptoirs, des maisons, des agents, des représentants sur tous les points du globe. Ces succès ils les devaient en partie à leurs qualités personnelles, mais en partie aussi au soutien que l'État accordait toujours au commerçant désirant s'expatrier et à l'admirable organisation de leurs consulats.

En quelque lieu du monde qu'il se trouvait, un consul allemand était toujours un étonnant agent de renseignements, par ordre de son gouvernement. Y avait-il une place à prendre quelque part, une maison anglaise, française, espagnole ou autre à concurrencer ou à supplanter, Berlin en était aussitôt informé, et informé non point avec légèreté, mais à l'aide d'une documentation précise, disant les besoins de la population, le chiffre d'affaires des maisons existantes, les possibilités. Ces renseignements étaient communiqués aux Chambres de Commerce allemandes et il se trouvait toujours, en Allemagne, un commerçant ou un représentant pour venir s'installer à l'endroit indiqué. Tous les crédits nécessaires lui étaient consentis et, au besoin, des organisations inspirées par l'État lui avançaient les fonds dont il avait besoin.

Telle était et telle est toujours sans doute la conception allemande du développement du commerce de l'exportation et de l'importation.

Je ne veux pas mettre en regard la méthode de nos consuls français, bons fonctionnaires, qui se bornent à donner sur place les renseignements que les rares Français aventurés dans les pays où ils se trouvent veulent bien leur demander. Et encore ne faut-il pas trop compter sur eux.

Simple exemple. — Ayant eu à concurrencer sérieusement les maisons anglaises du golfe Persique, nous avons eu besoin du consul français de Bouchir.

En effet, bien que le centre du marché des perles du golfe Persique soit Bahrein, la France ne possède de consul qu'à Bouchir, qui se trouve à la distance d'une journée de bateau de la célèbre île perlière.

Point n'est besoin de souligner que la venue de commerçants français à Bahrein n'avait pas été envisagée avec joie par les Anglais.

Un jour, ayant à défendre nos intérêts, nous eûmes tout naturellement recours à notre défenseur normal : le consul de France de Bouchir. Qu'on juge de notre surprise quand nous apprîmes, en nous présentant chez lui, qu'il avait mal aux yeux, qu'il était allé se faire soigner en Europe et qu'avant de partir il avait transmis la défense des intérêts français à son collègue...... vous devinez qui ? — le consul anglais ! On n'invente pas ces choses-là...

L'AVANTAGE D'ÊTRE FRANÇAIS. — SI NOUS SAVIONS L'UTILISER. — LA RARETÉ DE NOS REPRÉSENTANTS A L'ÉTRANGER. — PLUSIEURS MILLIARDS DE PERTES ANNUELLES. — QUE DE RESSOURCES DANS LES PAYS NEUFS. — UN EXEMPLE : LA COLOMBIE. — IL FAUT VOULOIR RÉUSSIR. — LA QUESTION DE LA VOCATION. — ON FAIT FORTUNE EN TOUT. — NÉCESSITÉ DE L'ACTIVITÉ. — DANGER DU SURMENAGE. — DÉRIVATIFS ET VIOLONS D'INGRES.

J'ai parlé précédemment 'de la chance et de la part qu'elle tient dans la réussite en affaires. Je crois avoir montré que la meilleure des chances n'est pas celle qu'on attend du-dehors mais celle que l'on possède en soi : elle a des noms divers, mais s'appelle le plus souvent l'intelligence et la volonté du travail.

Cependant, il serait injuste de nier la réalité de certaines chances que le hasard, aveugle comme on sait, accorde à certains êtres humains dès leur naissance et refuse à d'autres.

Appartenir à une grande nation moderne puissamment outillée et organisée est un incontestable avantage qu'on ne doit qu'au hasard. Appartenir à une race qui a fait au cours des siècles ses preuves d'ordre, de travail, de ténacité en est une autre, qui l'augmente s'il est, de plus, conjugué avec le premier.

Ainsi être Anglais est certainement un avantage : la nation est forte, elle est depuis longtemps tournée vers le commerce ; elle possède dans ses importantes colonies d'immenses champs d'activité et, en outre, la race anglo-saxonne a des qualités de méthode, de sens pratique et un grand esprit d'entreprise.

« Ce qui fait notre force, observait très justement un Anglais, c'est que chez nous, les honnêtes gens sont aussi hardis que les coquins. »

De par ses qualités naturelles et en raison de l'organisation générale de son pays, un Anglais a donc en naissant la chance d'être mieux armé qu'un Arabe, qu'un Monténégrin, qu'un Polonais pour réussir dans la vie.

Etre Français est également une chance et une chance inappréciable. La France n'est pas moins fortement organisée que l'Angleterre, l'ordre social y est peut-être plus profondément solide encore, son empire colonial est immense et, bien que sa population soit moins dense que celle de l'empire colonial britannique, il offre des débouchés considérables. Le Français enfin est doué par le ciel des plus belles qualités que l'homme puisse désirer, pour connaître le succès dans les entreprises : il a une brillante imagination, plus d'esprit d'aventure qu'on ne le croit communément, des dons incomparables de séduction, du sérieux, de l'ordre, une rapide compréhension des événements et des choses, d'étonnantes ressources d'assimilation. Étant moi-même né en Russie, ayant beaucoup voyagé, connaissant bien la plus grande partie de l'Europe et une partie de l'Asie (ceux qui connaissent l'Amérique ont été à même de faire des remarques identiques), j'ai eu l'occasion de constater mille et mille fois combien le seul nom de « français » suffit à créer un courant sympathique.

Aucun citoyen d'aucune nation n'est reçu à l'étranger avec autant de bienveillance. Tout le monde cherche à lui rendre service, à lui faciliter sa tâche, à lui être agréable.

Cette cote sympathique constitue un véritable capital dont nos nationaux, malheureusement, ne savent pas toujours tirer le meilleur profit. Combien de fois ai-je eu l'occasion de le constater !

J'ai passé ma première jeunesse à Vladicaucase, ville assez importante à l'extrême sud-est de la Russie. J'y ait vu défiler des centaines et des centaines de représentants de commerce et des courtiers appartenant à toutes les branches de l'activité commerciale.

Les affaires de gros de la maison de porcelaines et de cristaux que mon père possédait en cette ville rayonnaient sur toute la région.

Connaissant la beauté, la délicatesse, le goût et le

fini des porcelaines et des cristaux français mon père aurait vivement désiré être en relations commerciales avec les maisons productrices, mais sur quelques centaines de représentants qui visitaient la ville annuellement, on en comptait rarement plus d'un ou deux qui venaient offrir leurs services au nom des fabriques françaises. Il n'était pas possible de compter sur eux et dans ces conditions, il était sage de renoncer à avoir de gros rayons de produits français par crainte de l'impossibilité de pouvoir suivre un article intéressant et par suite des difficultés de réassortiment.

De quelque côté du monde, d'ailleurs, qu'on tourne ses regards, la même observation s'impose.

Un commissionnaire parisien, en relations d'affaires suivies avec l'Amérique du Nord, ne me faisait-il pas récemment la remarque suivante :

« L'Amérique est notre voisine puisqu'elle n'est qu'à une semaine de nos ports. Cependant si l'on dresse la statistique des représentants qui voyagent, commercialement, dans ce pays, on trouve une disproportion aussi anormale qu'inquiétante entre le nombre des voyageurs de commerce français et le chiffre d'affaires qui dépasse plusieurs milliards».

M. Duplan, dans ses *Lettres d'un vieil Américain à un Français*, dit à ce propos : « Il n'y a qu'à lire les noms des représentants des produits français à New-York pour se convaincre que le commerce est loin d'être exercé par ceux qui devraient logiquement l'avoir en main, c'est-à-dire les Français eux-mêmes. C'est en vain que vous y chercheriez les noms de Benoît, de Durand, de l'Évêque ou de Gaudissart. Vous avez plus de chance d'y trouver ceux de Hinderburger, Berliner et Rheinfeld. Cependant le Français est bien vu de la clientèle et ses produits seront toujours mieux représentés par lui-même. Une jeune Française à qui la guerre a fait quitter la place Vendôme pour venir vendre des robes à New-York, affirmait à son patron qu'avant trois mois elle parlerait l'anglais sans accent. « Gardez-vous-en bien », lui répondit-il, « nous vous avons engagé comme vendeuse française, et il convient que vous conserviez l'accent parisien. Sachez assez d'anglais pour comprendre ce que veut la clientèle, mais conservez vos fautes de langage. Elles affirment votre origine parisienne qui est votre première qualité. »

La remarque de M. Duplan n'est malheureusement pas particulière aux États-Unis. Si insensé que soit le paradoxe, les maisons françaises sont représentées à peu près partout à l'étranger par des courtiers belges, suisses, hollandais, autrichiens et allemands...

A Bouchir, dans le golfe Persique, le fameux consul français dont j'ai déjà parlé, me disait qu'il ne recevait jamais plus d'une ou deux visites de représentants français par an.

Je ne ferais pas mon devoir de Conseiller du Commerce Extérieur et d'ancien élève de l'École Commerciale, si je ne répétais pas encore ce lieu commun, qu'on ne répétera jamais assez, à savoir qu'il est indispensable que les Français se décident à voyager et à représenter eux-mêmes les maisons françaises dont les articles ont la faveur — par mode, goût au besoin — des pays étrangers.

Toutes les fois que de jeunes amis sont venus me demander conseil au sortir des Écoles, je les ai toujours engagés à aller faire du commerce à l'étranger, et pour avoir des débuts plus faciles, à se présenter dans une quinzaine de maisons différentes et de leur offrir d'aller présenter leurs articles hors de France.

Rarement, en effet, la maison qui hésiterait à faire les frais élevés d'un courtier particulier à l'étranger, refuse d'en prendre une partie à sa charge. On comprend parfaitement aussi qu'une maison de commerce trouve avantage à ne risquer que la douzième ou la quinzième partie des frais de voyage et de séjour, en ayant tout de même l'assurance de voir ses articles pénétrer dans un pays où ils n'étaient pas encore connus.

On peut hésiter à donner cent francs par jour à un voyageur personnel, on ne refuse pas 7, 8 ou 10 francs à un représentant.

Muni des échantillons les plus différents, souvent même les plus disparates, notre jeune homme n'a plus qu'à faire preuve d'initiative et d'activité. Il est assuré de faire des affaires et d'arriver à une situation enviable et même brillante, car il est bien évident que parmi les douze ou quinze représentations de maisons françaises qu'il aura groupées, il se touvera toujours une majorité d'articles qui plairont à la clientèle étrangère et qui se vendront. A lui de voir clair, de s'inspirer des besoins et des goûts des contrées qu'il traverse pour développer l'écoulement des produits dont la vente est ·meilleure, ou pour en ajouter de nouveaux à sa collection.

Je peux dire, à ma grande satisfaction, que presque tous les jeunes gens qui ont suivi mes conseils ont réussi.

Bien mieux, en parcourant ainsi le monde, pour peu qu'ils aient l'ambition réelle du succès personnel, ils rencontrent, dans tous les genres de commerces, de nombreuses possibilités de se fixer, de s'établir, de devenir eux-mêmes les chefs de grosses maisons d'importation et d'exportation.

Il faut bien partir de ce principe que quand l'État fait fortune, il enrichit tous les citoyens. Le commerce extérieur de la France représente un chiffre considérable. Avant la guerre, ce chiffre atteignait · 16 milliards, exportation et importation comprises Aujourd'hui il a presque quadruplé. Mais cette prospérité, malheureusement, est toute artificielle, la valeur du franc ayant diminué des deux tiers environ.

Tout commissionnaire qui sert d'intermédiaire entre les maisons françaises et les pays étrangers et vice versa, gagne de 5 à 10 % de commission. Si l'on tient compte de ce fait regrettable que les intermédiaires sont loin d'être tous Français, la France perd ainsi, en -commissions payées à des représentants étrangers de 500.000 francs à un milliard par an.

J'insiste beaucoup sur l'utilité nationale, sur la nécessité pour les Français, d'être commis-voyageurs ailleurs qu'à l'intérieur du pays et voici pourquoi :

J'ai maintes fois constaté que ceux qui n'ont pas hésité à s'expatrier, même momentanément, ont le plus souvent, été pris par le désir de recommencer et qu'ils ont fini par s'établir à l'étranger. C'est tout profit, pour eux d'abord, et pour l'expansion commerciale nationale, car du jour où ils sont chefs de maison hors de France, ils servent de liaison entre les maisons productrices de la mère-patrie et les pays qu'ils ont choisis.

La fortune des Italiens, des Allemands, des Anglais provient en partie des relations commerciales créées par les émigrants. C'est une vérité dont on ne s'est pas assez rendu compte chez nous.

Nulle part au monde, on ne l'a mieux comprise qu'en Allemagne et l'expansion prodigieuse du commerce extérieur de ce pays avant la guerre s'explique en grande partie par le nombre considérable de sujets allemands qui s'étaient installés à l'étranger (on sait combien ils étaient nombreux chez nous) et par les échanges qu'ils avaient su établir solidement entre leur commerce et leur industrie et les autres pays.

Constater notre infériorité dans ce domaine ne suffit pas : il faudrait y remédier. Il existe cependant en France d'excellentes organisations dont le but est de faciliter les relations commerciales de la France et de l'étranger. La meilleure est l'office du Commerce Extérieur qui a à sa tête des commerçants choisis dans chaque corporation parmi les plus notables et les plus expérimentés. Ceux qui ont beaucoup voyagé et qui connaissent les besoins, les goûts, les coutumes des autres pays et les possibilités d'affaires sont nombreux.

En ma qualité de Conseiller du Commerce extérieur, je crois de mon devoir de dire que mes collègues seraient grandement utiles à leur pays et à la jeunesse qui se destine au commerce s'ils consentaient à venir faire, dans les Écoles commerciales, des cours, soit le soir, soit à tout autre moment convenablement choisi, dans lesquels ils montreraient l'intérêt du développement du commerce national à l'étranger, diraient ce qu'ils ont observé personnellement, quel avenir attend ceux qui s'expatrieraient et comment il faut s'y prendre pour réussir. Ce seraient là des leçons d'expérience qui feraient surgir des vocations et convaincraient bien des hésitants.

Nul n'ignore combien l'État gâche d'argent pour des entreprises sans intérêt et même inutiles. Ne serait-ce pas faire de la bonne politique économique que d'organiser des cours pratiques ayant pour but essentiel de faciliter le placement à l'étranger de nos jeunes gens qui se destinent à la carrière commerciale ? Grâce aussi aux puissants moyens d'information que possède l'État, ces cours favoriseraient la création d'un véritable et utile réseau de relations entre les maisons et entreprises de tous les pays qui désireraient ou seraient susceptibles d'employer de jeunes Français. Ils donneraient toutes les indications utiles à ceux qui voudraient représenter des maisons françaises hors de France et nous verrions rapidement diminuer le nombre des représentants étrangers pour le plus grand profit de nos nationaux d'abord et du pays lui-même, dans un avenir plus lointain. Le succès de cette jeunesse commerciale, active et entreprenante, aurait sur le reste de la nation la plus heureuse influence.

Admettons qu'ils n'y réussiraient pas tous, mais soyons assurés qu'ils se feraient quand même des situations beaucoup plus enviables. L'exemple entraînerait la diminution du nombre des fonctionnaires et peut-être n'y aurait-il bientôt plus aucune vérité dans la fameuse boutade : « La moitié de la France travaille à nourrir l'autre moitié. »

Si l'on se doutait de tous les débouchés, de toutes les ressources qu'offrent à l'activité générale, non seulement nos colonies mais les colonies des autres pays et en général tous les pays d'outre-mer, ceux qui consentent à croupir dans la médiocrité, aux frais de l'État, n'hésiteraient pas longtemps. Il m'est difficile dans le cadre limité de ce livre de parler de toutes les possibilités qui existent hors de France : ce serait une étude prodigieuse à faire, contrée par contrée et catégories commerciales par catégories commerciales. L'État et les Chambres de Commerce sont mieux placés que moi pour le faire. Cependant la nature même de mes affaires qui me fournit des relations dans toutes les parties du monde m'apporte parfois de précieux renseignements.

Ce qu'on peut connaître par de faibles moyens particuliers indiquera l'immense champ d'informations que pourrait posséder l'État, s'il voulait se donner la peine de diriger nos jeunes gens vers les carrières coloniales et le commerce international.

Ainsi, et à simple titre d'exemple, je veux donner ici la substance d'un rapport que mon frère Adolphe, — qui est en même temps mon associé, — a rédigé à l'intention de l'Office du Commerce Extérieur, au retour d'un voyage en Colombie. Je m'empresse de dire que ce voyage n'était pas un voyage d'études générales et que mon frère n'allait en Colombie que pour des buts nettement particuliers.

C'est parce qu'il a été profondément frappé des ressources que ce pays offre à tous qu'il a tenu à consigner ses observations dans un rapport. Ce qui est vrai de la Colombie, l'est de presque tous les pays, et n'importe quel voyageur attentif peut faire partout des remarques ayant la même utilité.

A la fin de la guerre et immédiatement après, de retentissants ouvrages ont relaté par le menu quel intérêt les jeunes Français auraient à se rendre aux États-Unis, soit pour y faire de la représentation, soit pour s'y établir, soit même simplement pour apprendre et rapporter chez nous les excellentes méthodes américaines de travail. Le thème de la nécessité de l'activité française hors de France préoccupe donc depuis longtemps beaucoup de bons esprits.

En parlant de la Colombie et de ses ressources, je n'apporte qu'un exemple, rien de plus, mais il a le mérite d'être rare, car peu de personnes ont indiqué, chez nous, les avantages qu'offrent, dans ce pays, à l'intelligence et au travail, un sol d'une rare fertilité et une production minière aussi abondante que peu exploitée.

La Colombie ! Bogota ! Combien de Français connaissent cette république de l'Amérique Centrale et sa capitale ! Combien rares sont ceux qui en soupçonnent les prodigieuses richesses naturelles !

Il suffit cependant de visiter l'intérieur de cette contrée privilégiée, à peine explorée, à peine exploitée, pour se rendre immédiatement compte de ses ressources inépuisables.

Sa situation géographique, entre le Pacifique et l'Atlantique, est admirable. Une triple chaîne de montagnes : les Cordillères, partagent le pays en bassins sillonnés de cours d'eau dont la majorité est navigable. La quantité et la disposition de ces rivières fournissent au pays une irrigation naturelle qui influe considérablement sur son étonnante fertilité.

Bogota, la capitale, est bâtie à 2.600 mètres d'altitude sur un vaste plateau où se trouvent plusieurs milliers d'hectares de terres excellentes pour la culture. Une toute petite partie seulement de ces

- terres est cultivée en blé et en pommes de terre. La température du plateau est constante et se maintient toute l'année entre 12 et 17 degrés centigrades.

Quatre saisons intermittentes de pluies et de sécheresse, provoquent un excellent rendement dans tous les genres de cultures européennes. D'autres plateaux, situés aux différents étages des Cordillères, bénéficient de toute la gamme des températures : on y trouve des régions à terres froides et des régions tropicales, permettant toutes les cultures du monde avec des rendements inconnus chez nous.

Quant au sous-sol colombien, il est d'une richesse inimaginable. Tous les métaux précieux, le platine, l'or, l'argent, s'y trouvent et ne sont extraits qu'en de très rares endroits et avec des moyens insuffisants

La plus précieuse des pierres précieuses, l'émeraude, y abonde. La beauté, la pureté des émeraudes de Colombie sont uniques, et les mines de Muzo, où on les trouve, sont actuellement les seules dont l'exploitation fournisse un rendement important.

Le fer, le cuivre se rencontrent sur tout le territoire de la République et les rares mines exploitées sont en surface. Les charbonnages sont également à ciel ouvert et il y a des montagnes entières du plus bel anthracite. Tout cela est, autant dire, inexploité. C'est de la richesse en puissance, comme diraient les mathématiciens.

Le pétrole y a été découvert en abondance, il y a quelques années, mais pour ce produit, de puissantes Compagnies américaines se sont assurées d'importantes concessions. Des villes nouvelles sont nées sur les rives du Magdalena où les exportations prospèrent. C'est un exemple.

Les Colombiens, en effet, n'ont guère su, jusqu'à présent, profiter des richesses de leur pays. Mais il semble, actuellement, que la nouvelle administration qui dirige les destinées de ce pays, soit décidée à faire l'effort utile pour tirer un meilleur parti des ressources naturelles du territoire. La sagesse politique est à l'ordre du jour en Colombie et depuis vingt ans déjà la plus grande tranquillité favorise l'expansion industrielle et commerciale. Les étrangers qui veulent y aider sont particulièrement bien accueillis.

Cette sagesse politique vient de se traduire par l'élévation à la plus haute magistrature du pays du général Pedro Nel Ospina, qui est un homme de haute culture, avisé, ayant beaucoup voyagé en Europe et aux États-Unis et connaissant admirablement la carte politique et économique de son pays. Il a su s'entourer d'hommes d'affaires et non de politiciens, ce qui marque la volonté de donner à la Colombie tous les bienfaits qu'apporte le progrès social.

Au premier plan de son programme, il a placé la construction des ports et des voies ferrées indispensables à l'organisation agricole et industrielle. D'autre part, l'une des premières réalisations de l'administration actuelle a été la création d'une banque nationale qui fonctionne normalement et a déjà commencé ses opérations en vue de l'unification de la dette d'État, de la régularisation du papier-monnaie, de la réglementation du taux de l'intérêt et, en général, de toutes les mesures propres à assainir les finances colombiennes et à leur donner un équilibre stable. Le change de la piastre colombienne est à peu près au pair avec le dollar et ne subit que les petites variations dues au jeu normal des importations et des exportations.

Évidemment les capitaux nécessaires à la mise en valeur des ressources principales de la Colombie manquent encore, mais ce n'est qu'une question de temps.

Déjà les États-Unis qui ont compris l'avenir du pays lui ont prêté plusieurs millions de dollars pour la construction du beau port de Barranquilla, l'assainissement de cette ville, la construction du canal allant du fleuve Magdalena au port de Cartagena et la construction de la voie ferrée reliant Bogota à Bonaventura, sur le Pacifique. Ce chemin de fer traversera la Cauca, qui est certainement la province la plus riche de la République.

De nouvelles voies ferrées sont à l'étude, et un emprunt de cent millions de dollars vient d'être autorisé par le gouvernement pour leur réalisation. Clause intéressante, le gouvernement s'est réservé le droit d'utiliser le montant de cet emprunt à l'achat du matériel le meilleur qu'il trouvera, dans tel pays qui lui conviendra. Étant donné les conditions avantageuses de notre change, il est à souhaiter que des propositions sérieuses viennent de France.

Nos industriels auraient le plus grand intérêt à constituer un syndicat et à envoyer à Bogota des ingénieurs qui se mettraient à la disposition du gouvernement colombien pour préparer toutes les études dont il aurait besoin, tant dans le domaine ferroviaire que dans le domaine industriel proprement dit. Le matériel français pourrait concourir avec succès avec le matériel américain ou anglais en raison de sa qualité et des conditions d'établissement certainement meilleures.

Les plus sincères sympathies nous sont acquises en Colombie, où la culture française est très appréciée, et nous aurions toutes chances d'obtenir la préférence à égalité de conditions.

Ces quelques indications générales données, nous voudrions entrer un peu plus avant dans le détail de la vie économique colombienne afin de montrer aux jeunes Français entreprenants et désireux de faire rapidement fortune quelles ressources immenses leur offre ce pays neuf où tout encore est à faire, où tout est à exploiter. Nous allons donc examiner trois points principaux, constituant trois des richesses essentielles de la Colombie : l'élevage, la culture du café, la culture des bananiers.

Aucune connaissance spéciale ou approfondie n'est nécessaire pour réussir dans l'exploitation de ces trois richesses naturelles : la fertilité du sol colombien, la splendeur de son climat sont les meilleurs auxiliaires de l'éleveur ou du cultivateur, et, pourvu qu'il ait la volonté de réussir, du sérieux, et le goût du travail, il est certain du succès.

Je place au premier rang l'élevage qui apparaît comme la plus lucrative des exploitations.

En effet, quiconque veut en Colombie se livrer à l'élevage du bétail n'a qu'à acheter du terrain. Rien n'est plus simple, les terrains incultes appartenant à l'État et couvrant des superficies énormes.

La majeure partie de la Colombie en effet est encore couverte de forêts qui sont domaine public. Il suffit de choisir la portion de forêt que l'on désire. Moyennant 50 cents l'hectare (environ un demi-dollar américain), l'État vend à tout particulier la partie choisie. Cet achat fait, on en est légitimement propriétaire.

Pour le défrichage, la méthode colombienne est aussi simple que rapide et peu coûteuse : on met le feu à sa forêt et on la laisse se consumer entièrement. Sur ce sol prodigieusement fertile, les cendres forment un excellent engrais. Inutile de labourer. Il suffit de semer les graines des herbes fourragères qu'on désire récolter et de laisser faire la nature. Un seul semi suffit : des prairies merveilleuses naissent et se renouvellent d'elles-mêmes. Le bétail le plus maigre s'y engraisse en trois ou quatre mois, fournissant entre le prix d'achat et le prix de vente un revenu net de 30 à 40 %. Tous les quatre mois, au maximum, c'est-à-dire trois fois par an, on renouvelle ainsi ses troupeaux dont la vente est particulièrement facile.

Des Syriens, et bien d'autres étrangers, ont fait ainsi en Colombie des fortunes énormes. Leur exemple est à suivre, la place ne manque pas.

La culture du café peut être placée au second rang.

Le café produit par la Colombie est considéré à juste titre comme le meilleur de toute l'Amérique du Sud. Actuellement il n'est guère exporté qu'aux États-Unis en raison de son prix élevé : il est, en effet, beaucoup plus cher que les cafés du Brésil et des autres contrées sud-américaines.

Les plantations de café n'exigent aucun soin particulier et peuvent être constituées dans les mêmes conditions d'achat que les prairies. Comme pour faire de l'élevage, on choisit son terrain, on s'adresse à l'État, un architecte gouvernemental vient, délimite votre propriété, établit les papiers qui légitiment l'achat et on est chez soi.

Malgré le manque de moyens de communications, les cafés sont généralement transportés de l'hacienda (tel est le nom que prend toute exploitation agricole), souvent distante de cinq ou six journées d'une rivière navigable, à dos de mulet. Chaque mulet transporte 250 livres, en deux sacs de 125 livres chacun. La méthode est archaïque : c'est cependant la plus pratique en ce pays.

Les frais de transport, par le fait même qu'il faut des mulets et du personnel pour les conduire, sont élevés. Cependant la charge de café ne revient au producteur, rendue au port d'embarquement, qu'à 13 à 18 dollars en moyenne. Or, chaque charge est revendue, suivant le cours du jour, aux commissionnaires ou agents établis sur les ports, à raison de 40 à 48 dollars. C'est un joli bénéfice !

Il est si beau même qu'une question se pose pourquoi tous les propriétaires de plantations de café en Colombie ne deviennent-ils pas millionnaires ?

La réponse est simple. Ils ne doivent s'en prendre qu'à eux-mêmes et à leur manière de vivre.

Presque tous, en effet, au lieu de résider dans leur hacienda vivent largement, soit à Bogota, soit aux États-Unis, soit même en Europe. Ils ne s'occupent pas du tout de leur exploitation et laissent ce soin à des gérants dont l'honnêteté n'est pas toujours irréprochable.

Ces grands propriétaires mènent une existence fastueuse, dépensent beaucoup d'argent et n'hésitent même pas, pour satisfaire leurs goûts, ayant épuisé les ressources fournies par les récoltes passées, à emprunter sur les récoltes à venir. Ils sont vite acculés à emprunter aux banques colombiennes, pour payer leurs travailleurs au moment même de la récolte.

Les banques colombiennes ont coutume de prêter sur première hypothèque, au taux de 1 1/2 à 2 % mensuels. C'est exorbitant, mais c'est le taux normal en Colombie. Une plantation, si fertile soit-elle, ne résiste pas à ce régime. Il arrive alors que le bénéfice des récoltes est tellement grevé par ces dettes que le propriétaire aux abois est acculé à vendre son hacienda dans des conditions déplorables.

Inutile de dire qu'un homme sérieux, travailleur, vivant au milieu de ses ouvriers, dirigeant lui-même son affaire est à l'abri de ces vicissitudes. Même s'il débute avec un petit capital, il voit rapidement la prospérité couronner ses premiers efforts. Mille occasions splendides s'offrent à lui de profiter de l'insouciance des autres, d'augmenter sa propriété par de nouvelles plantations et de voir la richesse lui venir rapidement.

Au troisième rang, nous placerons la culture des bananiers. Ici nous touchons à la plus facile, à la moins absorbante des exploitations. Le commerce des bananes a pris une importance capitale dans les États de l'Amérique Centrale et de l'Amérique du Sud.

A elle seule, une Compagnie américaine, l' « United Fruit Cº », possède une flotte de vingt navires de grand luxe, de 5 à 10.000 tonnes chacun, qui ne fait que le trafic du transport des fruits entre les ports de l'Amérique du Sud et de l'Amérique Centrale et ceux des États-Unis. En quelques années, le port colombien de Santa-Marta a pris, de ce fait, un développement énorme et une importance considérable. Chaque semaine, 4 à 5 navires américains y viennent embarquer chacun de 100 à 150.000 régimes de bananes, par les moyens les plus modernes. Une ligne de chemin de fer de plus de 100 kilomètres, part de ce port et pénètre dans l'intérieur des terres, desservant de chaque côté une succession incroyable d'immenses plantations de bananiers. On n'imagine rien de plus riche que cette contrée, dont la production augmente régulièrement chaque année, de plusieurs millions, la richesse nationale.

Or la culture de la banane se ramène presque exclusivement à la peine de faire la récolte. Le soin à donner aux arbres est nul.

Chaque bananier, après avoir produit un régime de bananes en 9 mois, laisse autour de lui une vingtaine de pousses qui grandissent, deviennent des arbres propres à donner chacun un autre régime de bananes en 9 mois et ainsi de suite. Tout le travail réel consiste à limiter cette fertilité excessive en détruisant la trop grande quantité de jeunes pousses, pour ne garder que le nombre de bananiers proportionné à l'importance de l'exploitation et au nombre du personnel dont on dispose.

Cette récolte est d'une simplicité enfantine. Il n'y a qu'à couper les régimes de bananes au moment voulu et à les entasser dans les trains pour les expédier au port. Le rendement de cette culture dépasse toute imagination et ne peut même être conçu par nos agriculteurs.

Il y aurait aussi à envisager en Colombie la culture du mûrier. L'élevage des vers à soie dans les régions à température propice donnerait des résultats insoupçonnés, étant donné surtout que le prix du transport de la soie brute ne peut grever sensiblement un produit aussi cher. Mais cette culture n'est encore qu'à ses débuts.

En ce pays privilégié, mille autres entreprises

donneraient avec de tous petits capitaux, des résultats superbes.

Ingénieux comme le sont nos compatriotes, ils découvriraient sur place toutes les possibilités imaginables. Pour réussir en Colombie il suffit d'avoir avec très peu d'argent, de la bonne volonté, un réel désir de travailler et le souci de l'économie. Ce sont là des qualités essentiellement françaises. Aussi ne saurions-nous trop engager nos jeunes compatriotes désireux de s'enrichir rapidement à ne pas hésiter à porter leur activité dans ce pays. Aucun d'eux ne le regrettera.

Il est bien entendu que je ne présente pas la Colombie comme le seul Eldorado moderne, l'unique pays où il soit possible de réussir. Les renseignements sérieux et précis qui m'en ont été rapportés sont la seule raison du choix de cet exemple. Le hasard et d'autres indications aussi sérieuses auraient pu me faire parler de toute autre contrée. Je dirai donc, pour en terminer avec ces conseils, que les jeunes gens désireux de s'expatrier n'ont qu'à s'adresser à l'Office du Commerce Extérieur, admirablement outillé pour centraliser les renseignements commerciaux, industriels et agricoles de tous les pays, pour obtenir les indications les plus sûres et les plus complètes sur toute ville, province ou nation étrangère où ils voudraient s'établir.

On m'objectera peut-être : « C'est très joli d'indiquer à la jeunesse les régions du globe où des richesses considérables restent à exploiter, mais suffit-il d'avoir un petit capital avec soi, de bons renseignements et de prendre un bateau pour être certain de trouver le succès au loin ? »

Évidemment, s'il n'en fallait pas davantage pour arriver à la fortune, ce serait trop facile. On me permettra donc de répondre à la question, en disant, ce qu'il faut, à mon sens, pour réussir.

Réussir, dans la vie, dépend de facteurs infiniment divers. Les qualités intellectuelles, le degré d'instruction, le sérieux, l'amour du travail, le hasard même, à l'occasion, jouent leur rôle.

Souvent la vie tout entière dépend de « l'aiguillage » qui a été imposé à l'enfant, à l'âge où il lui est difficile de discerner lui-même la voie qui conviendra le mieux à ses aptitudes et à ses goûts.

Le rôle des parents est donc infiniment délicat, car il consiste à ne pas se tromper sur les dispositions de l'adolescent, à deviner sa vocation, à ne pas la contrarier. Décider dès le berceau qu'un enfant sera ingénieur, commerçant, artiste ou fonctionnaire est une pure folie.

Les parents doivent donc suivre attentivement les dispositions des enfants et si une vocation, ou même simplement une préférence, se manifeste chez eux, non seulement ils ne doivent pas s'y opposer, mais il est de leur devoir de la développer et d'y pousser résolument l'enfant. Ils doivent, avec le même soin, tout tenter pour découvrir la vocation chez les êtres irrésolus.

Il est excellent de déblayer le terrain à l'âge des

hésitations : on gagne du temps et il y a toutes chances pour que la bonne voie étant trouvée plus tôt, la réussite vienne plus vite.

Déterminer, pour un jeune homme, le choix d'une situation semble, au premier examen, un problème hérissé de difficultés et quasi insurmontable, à Paris du moins.

Tout semble pris, toutes les carrières paraissent encombrées et on a d'abord l'impression qu'il n'y a pas plus de place au soleil de la fortune que lorsqu'il s'agit de trouver des appartements ou des boutiques. Ce n'est qu'en serrant de plus près la question qu'on commence à s'apercevoir qu'il y a des possibilités et de très grandes.

Précisément, — et ceci vient à l'appui des conseils que je donnais à propos de la Colombie, — un des grands facteurs de toute réussite est de ne pas considérer Paris comme un lieu d'où il est impossible de sortir. Paris, Londres ou New-York ne sont que des points de l'univers, de petits centres convergents autour desquels le monde rayonne, le monde entier avec ses innombrables ressources d'affaires qui s'offrent partout sous les dehors les plus tentants. Il faut donc savoir voir de haut et loin.

On fait d'ailleurs fortune en tout, aussi bien dans les arts, dans les lettres, dans la politique, dans les sciences que dans le commerce et l'industrie. C'est généralement une question de dons particuliers et complets.

Je prends, en effet, l'expression « faire fortune »

dans son sens le plus large et j'estime qu'il ne faut pas considérer qu'il signifie exclusivement « gagner beaucoup d'argent ». Le prendre dans ce sens étroit serait, à mon avis, restreindre singulièrement la beauté de l'effort qu'engendre toutes les formes de succès. Avoir une situation prépondérante dans sa partie doit être considéré comme une fortune. Ne dit-on pas par exemple la fortune politique de tel ou tel homme d'État alors qu'il est notoire qu'ils n'ont pas amassé de capitaux dans la politique. La notoriété d'un Anatole France, en littérature, d'un Bartholomé, en sculpture, d'un Bernstein au théâtre, d'un Metchnikoff en science, d'un Renoir en peinture, constituent autant de fortunes, sans que la question d'argent intervienne en l'affaire.

Il est constant qu'un Français sera souvent tenté par une situation libérale qui lui vaudra la considération plutôt que par une situation moins brillante mais plus profitable. C'est la raison pour laquelle les situations intellectuelles sont si encombrées, encore que depuis la guerre, avec la vie difficile, la jeunesse s'y jette avec moins d'empressement.

Une fois que la carrière préférée est choisie, la fortune vient plus ou moins vite, selon que les circonstances sont plus ou moins favorables.

En général, dans le commerce, l'ordre et la méthode sont des qualités premières, sans lesquelles nul succès n'est possible et tel commerçant ne réussira qu'au prix d'un contrôle minutieux de tous ses services. Par contre, un commerçant de génie,

saura se dégager du contrôle de certains détails,
même importants, si l'exercice de ce contrôle doit
lui prendre trop de temps et l'empêcher de consacrer
son activité et les ressources de son intelligence
à des choses plus capitales. Il lui appartient alors de
faire un ingénieux calcul des probabilités et de se dire
que les pertes qui peuvent survenir d'un certain
laisser-aller ou de négligences volontairement consen-
ties sont insignifiantes par rapport aux profits qui
peuvent naître de son activité réservée à la conduite
supérieure de ses affaires. Et ceci me fait penser aux
commerçants très occupés qui prennent l'omnibus
pour faire des économies.

La santé, naturellement, est une des conditions
essentielles de tout succès, car il est impossible dè se
consacrer pleinement à une affaire si l'état de santé
n'est pas régulier. Malheureusement chaque profession, chaque métier comporte des dangers sucep-
tibles de nuire au parfait équilibre de l'organisme
humain. Le peintre ne s'intoxique-t-il pas avec les
poisons qui entrent dans la composition de ses couleurs ! Le médecin, le coiffeur, et en général tous ceux
qui ne peuvent prendre leurs repas à heures fixes
n'ont-ils pas mauvais estomac ! Le métier de commerçant qui est bien l'un des plus passionnants du
monde, avec ses réalisations quotidiennes dans des
opérations qui exigent du coup d'œil, de l'audace
et du jugement, apporte, malheureusement, à celui
qui l'exerce de graves occasions d'altérer sa santé.
Le surmenage nerveux, notamment, le guette.

Mais c'est par ce côté de la réalisation — souvent immédiate — de l'effort, que le commerçant a le plus d'analogie avec le savant. Celui-ci penché dans son laboratoire sur ses creusets ou ses éprouvettes, concentre sa pensée et son influx nerveux vers la trouvaille au point d'en oublier tout ce qui n'est pas elle. Repas, sommeil, ne comptent guère pour lui. Comme lui, le commerçant devient l'esclave de son affaire ; il y pense à tous moments, le jour, la nuit, en déjeunant, en dînant, en s'endormant, en se promenant. Veut-il se reposer, il ne parvient pas à affranchir son esprit de l'affaire d'hier qui n'est pas terminée, de celle de demain qu'il entrevoit ou espère Nulle joie extérieure n'est complète pour cet homme et son commerce l'absorbe à un tel point qu'il ne peut faire autre chose et s'étiole au fur et à mesure que sa fortune augmente. Tel un joueur à qui le hasard sourit, il veut constamment augmenter son avoir et dans ce surmenage de tous les instants, il est candidat à toutes les maladies.

S'il échappe au danger, il devient philosophe avec le temps, et se dit qu'il est sage, pour éviter toute crise de santé, de s'imposer un dérivatif qui absorbe l'imagination et neutralise temporairement la passion des affaires.

Ceci me rappelle la conversation que j'ai eue avec un de mes collègues, un jour que nous conduisions un ami commun à sa dernière demeure.

Comme nous suivions lentement le corbillard je fis soudain cette réflexion :

— Notre excellent ami a eu le plus grand tort de mourir !

Mon collègue me considéra un instant avec ahurissement, puis me dit que ma réflexion lui paraissait bizarre, un peu ridicule et à coup sûr déplacée en un pareil moment.

— Ne croyez pas que je plaisante, répliquai-je. On ne plaisante pas quand on suit le cercueil d'un ami. La présence de la mort incline toujours à philosopher et, quand je vois quelqu'un quitter cette terre, je me demande toujours s'il n'y a pas un peu de sa faute. Voyez-vous, si l'on fait abstraction des accidents qui peuvent nous arriver à tous iustants, la vie se présente à chacun de nous comme un problème hygiénique. C'est à notre intelligence, c'est à notre volonté de résoudre ce problème de telle sorte qu'il y ait toujours équilibre entre nos plaisirs et nos obligations, entre ce qui nous est agréable à faire et ce que le devoir exige de nous. Celui qui ne sait pas mettre un frein aux excès, de quelque nature qu'ils soient, détruit l'équilibre de sa santé et marche de lui-même vers la tombe, alors qu'il lui serait si facile, en sachant se modérer et n'user des plaisirs que dans la mesure où sa santé les peut normalement supporter, de prolonger la durée de son existence et de jouir du bonheur de vivre sainement jusque dans la plus extrême vieillesse. Croyez-moi, celui qui a dit : « L'homme ne meurt pas, il se tue », a dit une profonde vérité.

Mon collègue resta songeur : il avait compris qu'en effet je ne plaisantais pas.

Pour ne pas « se tuer », il est donc tout naturel de chercher à la fatigue que donne le surmenage un dérivatif qui soit un repos. Le Français, en raison sans doute de la finesse de son tempérament, cherche de préférence ce dérivatif dans la distraction artistique. Le théâtre, la musique, les expositions de peinture peuvent lui apporter quelques heures de diversion par jour.

En ce qui me concerne, la grande fatigue cérébrale que j'éprouvai, il y a quelques années, me fit, moi aussi, chercher une distraction reposante. Mais allez donc parler de repos à ma diable d'activité !

C'est alors qu'un de mes bons amis, M. F..., me donna le conseil d'écrire.

— Faites des articles, faites des livres, me dit-il, vous vous en trouverez très bien.

Je le regardai avec stupéfaction car ce qu'il me proposait était certainement la chose à laquelle j'aurais le moins songé.

— Mais, répliquai-je, je n'ai jamais écrit de ma vie que des lettres d'affaires ! Que me conseillez-vous là ?

— Cela n'a aucune importance, me dit-il avec assurance.

Et il m'expliqua que je savais et que j'avais observé beaucoup plus de choses que je ne le supposais et que je n'avais qu'à les noter sur le papier. Il ajouta qu'au reste, dans le métier d'écrivain, la pensée a beaucoup plus d'importance que la forme, que je m'en tirerais parfaitement, en parlant des choses de ma profession que je connaissais bien, ou des choses observées à l'occasion de cette profession.

Je suivis son conseil, et c'est à lui que je dois d'avoir distrait et attaché mon esprit à des travaux qui n'étaient plus des affaires proprement dites.

Le commerçant surmené s'efforce de voyager, de trouver du charme aux splendeurs de la nature, de s'intéresser aux arts, aux merveilles des musées et des collections rassemblées en Europe.

Mais en fait, il ne réussit jamais à s'évader complètement de ses affaires. Elles le suivent partout, et nulle part il ne trouve l'équivalent de la joie et du bonheur que lui donnent les transactions commerciales.

Mais puisque j'ai parlé de l'agrément et du repos que procurent les distractions artistiques, je voudrais en passant dire un mot du rôle de l'éducation artistique dans la vie. Mon observation étant toute personnelle, je ne la donne pas comme une vérité absolue.

Je n'ai jamais reçu d'éducation artistique ou musicale dans ma jeunesse, et je crois très fermement que le fait d'être demeuré étranger à la musique et aux arts en général, m'a permis de consacrer tout mon temps et toute mon activité cérébrale aux affaires. Aucun violon d'Ingres n'est venu distraire mon cerveau du but que je m'étais assigné et dans le temps que d'autres auraient mis à se laisser bercer par l'agréable douceur de l'exercice des arts, je m'occupais de la prospérité de ma maison.

On me dira : « Mais vous avez cependant fait apprendre la musique et tous les arts qui ornent l'existence à vos enfants ; vous n'êtes pas logique avec vous-même. »

Je répondrai à cela qu'en décidant de l'éducation artistique de mes fils, je me suis rendu compte du tort que je risquais de leur faire en leur donnant l'occasion de ne pas appliquer uniquement leur pensée à la réussite dans la profession qu'ils exerceront.

A mon avis la période d'effort de la vie doit être une période de concentration de toutes les facultés intellectuelles. Mais j'admets parfaitement que la privation des plaisirs d'art ne doit pas être éternelle. Moi-même, quand la réussite enfin venue me permit de diminuer mon effort quotidien, et surtout après que je fus tombé malade à la suite d'années de surmenage, je me suis rendu compte qu'il ne pouvait y avoir dans la vie que la seule et tyrannique préoccupation de la réalisation d'une fortune.

Il faut tout de même, à l'existence laborieuse, des dérivatifs et un peu de fantaisie.

Ce n'est qu'à 45 ans que je me suis mis à étudier les arts. Je l'ai fait tout de suite avec passion comme peut le faire quelqu'un qui pendant vingt-cinq ans n'a pensé uniquement qu'à son travail et aux résultats de ce travail.

Je demeure donc perplexe quant aux conseils à

donner en cette matière : à chacun de considérer comme je l'ai fait moi-même, s'il doit attendre l'heure du demi-repos, ou même l'heure du repos complet, pour penser aux distractions artistiques, ou s'il doit s'y adonner plus tôt, l'exercice des arts jouant en effet, pour certaines natures, le rôle du délassement.

Rien ne peut être absolu dans cet ordre d'idées.

En faisant étudier les arts à mes fils, dès leur plus tendre enfance, j'ai estimé qu'ils n'auraient pas à mener, pour réussir, une lutte aussi dure que celle que j'ai menée moi-même. Ils bénéficient d'entrée, si je puis dire, de l'effort que j'ai fait pour eux. J'ai considéré d'autre part qu'il leur était impossible de se présenter dans le monde sans un bagage artistique. Je n'en dirai pas moins à tous les jeunes gens qui ont besoin de se faire une situation et qui rêvent de faire fortune : « Méfiez-vous ; les arts ont tant de charme séduisant, ils vous prennent parfois si complètement l'âme, que l'amour qu'ils inspirent peut devenir une funeste passion, une de ces passions dévorantes qui absorbe le temps, le cerveau, la volonté. On s'y laisse prendre et, au soir de la vie, on s'aperçoit qu'on a manqué son but ».

Mais pour le commerçant qui a réussi, c'est autre chose : il lui est indispensable d'échapper périodiquement à l'emprise des affaires, même s'il a cette conviction, apportée par l'expérience qu'apporte une vie longue et laborieuse, que l'argent procure bien peu de joies immatérielles.

Bien rares, hélas ! sont en effet, les choses non matérielles qu'on peut acheter avec de l'argent. Quant aux joies matérielles que l'argent procure aisément, comme elles sont relatives, comme elles sont insignifiantes, même si celui qui les achète n'est pas vaniteux !

Malgré moi je pense souvent au si précieux conseil que Taine, dans ses *Notes sur la vie* donne à une jeune homme : « Mon enfant, lui dit-il, tu as les joues roses et tu entres dans la vie comme dans une salle à manger, pour te mettre à table. Tu te trompes ; les places sont prises. Ce qui est naturel, ce n'est pas le dîner, c'est le jeûne. Ce n'est pas le malheur. c'est le bonheur qui est contre nature ».

Et j'ajoute à cela : « Ce ne sont pas les joies que donne l'argent qui sont les vraies joies, ce sont celles que donne l'emploi de la bonté ».

Je ne dis pas cela pour rabaisser l'argent : il a sa beauté. Ainsi, pour un commerçant, aimant véritablement sa profession, il constitue l'outil idéal, solide, souple, perfectionné, avec lequel tout travail est agréable à entreprendre. Il est même tout l'outillage de l'organisation commerciale, car il en représente les pivots, les rouages, les courroies, les leviers, les pistons, toute l'armature de la moderne machine à faire les transactions internationales.

Plus cet outillage aura de solidité, moins le commerçant aura de difficultés et de soucis dans l'exécution de ses plans et de son travail.

Telle est la vraie façon d'envisager le rôle et la

fonction de l'argent. Ce fut celle en tous cas de tous ceux qui édifièrent de colossales fortunes, car ceux-là, n'ayant pas toujours la santé, ne demandaient même pas à l'argent les joies matérielles qu'en exige l'homme bien portant. Rockfeller, qui ne sait même pas le chiffre de ses revenus, n'est-il pas contraint de ne boire que du lait ?

Ces remarques m'ont un peu éloigné de mon sujet qui était de montrer que si le commerçant est absorbé tout entier par ses affaires, il n'en retire pas seulement du profit mais des joies réelles et profondes.

Un homme, un de nos savants, pour lequel j'ai la plus profonde admiration, le professeur Charles Richet, me disait un jour que la plus grande joie de son existence était de mener à bien une expérience, dans son laboratoire. Selon lui, le bonheur éprouvé devant la réussite d'un problème scientifique était incomparablement supérieur à l'amour et à toute autre passion. C'était un bonheur inépuisable, car il se renouvelait constamment et durait toute la vie, alors que les autres joies sont fugitives.

Voici trente ans que je suis sur la brèche... J'ai quelque expérience des joies du travail. On me croira donc quand je dirai que les paroles de l'illustre savant sont applicables à toutes les professions. Transplanté du laboratoire dans la vie d'affaires, le bonheur procuré par un problème scientifique réussi devient l'inépuisable joie donnée par la réussite de l'idée qu'on a eue, qu'on a expérimentée, qu'on a transformée en richesse.

N'empêche que l'amour de sa profession peut devenir une véritable passion. Qu'on y prenne garde. Qui dit passion dit excès. Et l'excès peut être dangereux. Aussi est-il sage de ne point abuser, même de la joie intense de la réussite et d'écouter les conseils du bon poète Panard, qui écrivait, dans la manière si en faveur de son temps :

> Trop de repos nous engourdit,
> Trop de fracas nous étourdit,
> Trop de froideur est indolence,
> Trop d'activité turbulence,
> Trop d'amour trouble la raison,
> Trop de remède est un poison,
> Trop de finesse est artifice,
> Trop de rigueur est cruauté,
> Trop d'audace témérité,
> Trop d'économie avarice,
> Trop de bien devient un fardeau,
> Trop d'honneur est un esclavage,
> Trop de plaisir mène au tombeau,
> Trop d'esprit nous porte dommage,
> Trop de confiance nous perd,
> Trop de franchise nous dessert,
> Trop de bonté devient faiblesse,
> Trop de fierté devient hauteur,
> Trop de complaisance bassesse,
> Trop de politesse fadeur.

Que chacun en prenne pour son grade et se le tienne pour dit.

Pas d'excès d'aucune sorte, mais de l'application au travail, en France, aux colonies, à l'étranger, partout où l'occasion s'offre d'employer intelligemment son activité et de transformer la force latente que chacun porte en soi, en fortune. Émile Zola, l'auteur même de *Travail*, convié à présider le banquet de l'Association générale des Étudiants a dit à ces jeunes gens ceci, qui sera le dernier alinéa de ce long chapitre :

« Le travail ! Messieurs. Mais songez donc qu'il est l'unique loi du monde, le régulateur qui mène la matière organisée à sa fin inconnue ! La vie n'a pas d'autre sens, pas d'autre raison d'être ; nous n'apparaissons chacun que pour donner notre somme de labeur, et disparaître. On ne peut définir la vie autrement que par ce mouvement communiqué qu'elle reçoit et qu'elle lègue et qui n'est, en somme, que du travail pour la grande œuvre finale, au fond des âges !... »

# VII



Ayant beaucoup parlé des moyens susceptibles
de conduire les particuliers à la prospérité et à la
fortune, je voudrais maintenant parler un peu des
plaies sociales et des erreurs sociales dont l'existence
entrave l'essor naturel de cette admirable nation
qu'est la France. Il me suffit d'examiner les principales et, comme je ne veux pas être plus dogma-
tique en ces sujets que dans les chapitres précédents,
c'est encore à l'exemple vécu que je demanderai
mes arguments.

Au cours d'un de mes voyages à Venise, j'ai visité
la verrerie d'un de mes amis, M. Camerino. Cette
verrerie, dont il est propriétaire, est universelle-
ment connue sous la raison sociale « Salviati ». Elle
produit la plus célèbre et la plus merveilleuse verrerie de Venise. Un jour qu'il me faisait visiter ses

fours et ses ateliers, M. Camerino m'a dit que jamais ses commandes n'avaient été plus considérables qu'actuellement. Est-ce une simple question de mode ? Est-ce parce que le goût s'étant affiné, une quantité toujours plus considérable de gens se sont épris des délicats et exquis chefs-d'œuvre signés Salviati ?

Toujours est-il que M. Camerino m'a déclaré qu'il se trouvait dans l'impossibilité absolue de livrer, principalement en Amérique, les grosses quantités de marchandises qui lui étaient commandées.

Une semblable confidence me causa la plus vive surprise. Comment ! L'Italie est surpeuplée au point d'être obligée d'organiscr l'émigration méthodique du surplus de sa population, et ce pays où chacun est naturellement artiste, ne parvient pas à avoir assez de verriers d'art pour envoyer aux quatre coins du monde, en abondance, un des articles dont elle a la chance d'avoir l'exclusivité et auquel elle doit une renommée incontestée ! Quelle est donc la raison de ce mystère ?

Cette raison, je n'ai guère tardé à la connaître. C'est une des grandes plaies qui rongent l'activité moderne. Elle s'appelle l'égoïsme des corporations et des syndicats, auquel n'échappe pas la toute petite corporation des ouvriers verriers vénitiens, composée cependant d'une véritable élite. Cette corporation ne compte guère, en effet, que quelques douzaines d'artisans, qui, par une étrange aberration de l'esprit, par le plus faux sentiment de l'intérêt particulier, ne veulent pas que le métier d'ouvrier verrier — admirablement payé d'ailleurs — sorte de leurs familles respectives et refusent de former des apprentis qui ne soient pas leurs propres enfants. Ce métier, à leurs yeux, est une sorte d'héritage qu'ils se transmettent de père en fils et ils ne souffrent point qu'un intrus puisse en revendiquer sa part comme étant, non un bien privé, mais un bien national. La conséquence de cette conception apparaît aussitôt : le métier ne sort pas de son cercle étroit et si l'artisan verrier n'a pas d'enfants, il se trouve bientôt diminué d'autant. En tous cas le nombre de ces ouvriers spécialistes n'augmente pas, alors que les demandes affluent. La production est réduite alors qu'elle devrait connaître la plus belle expansion.

Ce qui est particulièrement grave, c'est qu'aucune considération patriotique n'influe sur la détermination entêtée des artisans verriers. Chaque fois que M. Camerino a essayé de peser sur elle et a tenté d'imposer la formation d'apprentis nouveaux, la corporation lui a répondu par une grève, d'autant plus longue et plus difficile à combattre, que cette corporation est riche et peut subsister des mois entiers sans travailler.

Découragé, M. Camerino a fini par renoncer à vouloir modifier un si fâcheux état de choses, et c'est dommage, car sa conception de l'élargissement du métier aurait pu apporter à sa ville natale un chiffre d'affaires cent fois supérieur au chiffre actuel et aurait fait vivre des milliers d'ouvriers, enrichissant à la fois Venise et l'État italien.

La France n'a pas échappé aux ravages de ce mal moderne. Nombreux sont aussi chez nous les industries qui ont périclité par suite de cette sotte détermination des ouvriers de ne plus faire d'apprentis.

A ce titre, le cas de la chaussure de luxe est des plus saisissants. Depuis bien des années déjà, le nombre des ouvrières en chaussures de luxe a régulièrement diminué : conséquemment les prétentions de celles qui restent sont devenues exorbitantes.

Sait-on que ces ouvrières, travaillant chez elles, c'est-à-dire dans des conditions où le travail est le plus agréable, arrivent à gagner chacune de 100 à 120 francs par jour en moyenne. Et c'est dans cette corporation que les grèves sont le plus fréquentes !

On ne viendra pourtant pas soutenir, en présence de tels gains, que ces grèves ont l'insuffisance des salaires pour motif. Les ouvrières en chaussures de luxe ne souffrent pas de la vie chère ! Le calcul qu'on trouve à la base de ces grèves n'est pas intéressant. Au bout de dix jours de travail l'ouvrière en question a gagné environ 1.000 francs. Elle a de quoi vivre durant le reste du mois et elle ne veut plus travailler. D'autre part, elle aime mieux ne rien faire que d'apprendre le métier à de nouvelles ouvrières qui, entrant ensuite en concurrence avec elle, se contenteraient de prix moindres et travailleraient vingt-cinq jours par mois.

Que ceux et celles qui aiment les belles chaussures

et ne regardent pas à les payer 200 et 300 francs la paire, n'en veuillent pas au commerçant qui ne les leur livre pas à la date promise. Il ne porte pas la responsabilité directe des retards.

Les chambres syndicales, justement angoissées de cette situation, se sont adressées au ministre, M. Gaston Vidal, que la question de la crise de l'apprentissage préoccupe vivement, car il en comprend les néfastes conséquences. Aussi, sous ses auspices, une école d'apprentissage doit-elle être fondée en vue de remédier, aussi rapidement que possible, à cette étrange anomalie.

Dans ma modeste sphère, j'ai essayé de montrer ce danger et d'en enrayer les dommages, si préjudiciables à l'activité nationale.

C'est cette pensée qui m'a fait créer et organiser deux écoles professionnelles d'apprentissage : une pour garçons, une pour filles.

J'ai voulu prouver d'abord, par l'exemple, qu'il était très facile de créer, soit à Paris, soit dans n'importe quelle autre région de la France, des écoles professionnelles où, en très peu de temps, un assez grand nombre d'enfants, garçons ou filles, pouvaient apprendre un bon métier.

La France manque de bras. Après la guerre, qui a fait tant de victimes, la situation est plus grave que jamais, et plus que jamais, la France est obligée de demander à chacun de ses enfants de lui donner le maximum de ses moyens et de ses forces.

L'ouvrier, lui aussi, doit participer à l'effort

général en vue de la renaissance économique du pays
et mieux il connaîtra son métier, plus il sera apte
à rendre des services. Dans toute usine il y a des
ouvriers capables et des manœuvres, mais il faut
arriver à ce qu'il y ait de moins en moins de manœuvres et de plus en plus de bons ouvriers, quitte
à employer des ouvriers-manœuvres d'origine étrangère.

Or, les enfants sortant des écoles professionnelles
feront tous de bons ouvriers, connaissant parfaitement leur métier et l'aimant, car on ne néglige point
de leur apprendre à l'aimer. Vénérer le travail
dont on tire son existence et celle des siens, c'est
toute la noblesse de la vie ouvrière.

Il apparaît donc que le premier résultat de ces
écoles est de faire des ouvriers, pour telle ou telle
branche de l'activité industrielle qui en a besoin,
en dehors des corporations ouvrières et au besoin
malgré elles.

Il n'y a pas de meilleure manière de résoudre la
crise de l'apprentissage.

Tout fabricant, tout industriel et, au besoin, tout
syndicat patronal qui aura créé et organisé l'école
professionnelle nécessaire à la formation des ouvriers
qui peuvent lui manquer, trouvera toujours ainsi
la récompense des sacrifices consentis.

A l'heure actuelle, il existe un nombre considérable
de veuves de guerre, de pupilles de la Nation et
même de femmes mariées et de jeunes filles qui ne
peuvent vivre du salaire de leur mari ou de leur père.

C'est une des plus douloureuses nécessités de ce temps, devant laquelle il faut bien s'incliner, que de ne pouvoir uniquement considérer dans la femme, la mère de famille attachée à l'éducation de ses enfants. La femme, dans toute une partie de la société d'après-guerre, est obligée de travailler, d'apporter sa part à la communauté, parce que la vie est chère et qu'il faut manger.

Mais au point de vue de l'activité et de la production nationales, cette entrée définitive de la femme dans l'activité générale constitue une force nouvelle qui offre un intérêt considérable en raison même de l'importance prise par le travail féminin.

Toutefois, la plupart des femmes et des enfants qui sont obligés aujourd'hui d'assurer leur propre existence, n'apportent dans la vie qu'un bagage incomplet, souvent insuffisant. Parmi les femmes, on en trouve qui ont reçu une certaine instruction, mais nombreuses sont celles qui n'ont qu'une instruction tout à fait élémentaire. Le problème consiste donc à adapter aux industries différentes ces deux catégories de femmes.

L'école Rachel, pour femmes, actuellement installée, 15 quai Bourbon, que j'ai fondée depuis de nombreuses années déjà, et où il y a environ 150 élèves a résolu ce problème en partie. Rien ne serait plus facile, à tous ceux qui voudraient prendre exemple sur elle, que de s'inspirer de ses méthodes et d'élargir ses bienfaits.

Mais je ne veux m'étendre sur le mécanisme de

l'école Rachel et son enseignement que dans la mesure indiquant son but social.

Au fur et à mesure que les candidates se présentent, qu'elles soient veuves de guerre ou pupilles de la Nation, elles sont aiguillées vers la profession qui correspond le mieux à leurs connaissances antérieures et à leurs aptitudes apparentes ou indiquées. Ainsi, toute femme ou jeune fille ayant reçu une instruction à peu près sérieuse (enseignement secondaire ou enseignement primaire supérieur) peut suivre les cours d'ingénieur aide-chimiste, de dessinateur industriel ou de retoucheur de photographies. Il va de soi que les candidates de cette dernière catégorie sont choisies parmi celles qui possèdent de bonnes notions de dessin.

Les femmes sans instruction ou n'ayant qu'une instruction insuffisante, peuvent suivre les cours de bobineuses électriques, de polisseuses sur métaux, de prothèse dentaire. Des cours de coiffures de dame et de confection de chaussures sont en voie d'organisation.

Les cours de l'école Rachel, bien entendu, sont *gratuits*. Quatre à six mois d'études suffisent généralement aux élèves pour être à même de se placer ensuite et de gagner de 15 à 25 francs par jour.

Les femmes ont traversé pendant la guerre et même après la guerre une crise effroyable. Employées au pied levé à remplacer les hommes manquants, on ne leur a confié que des emplois inférieurs : elles ont été le plus souvent confinées aux rôles de simples manœuvres. Or si la vie difficile de l'usine leur a procuré quelques bénéfices, elles n'y ont rien acquis. Le jour où elles ont quitté l'usine, elles se sont retrouvées en face du problème de l'existence, tout aussi désemparées qu'au premier jour et sans le moindre métier entre les mains.

Leur passage à l'école Rachel est tout différent et c'est par là que l'œuvre prend sa signification sociale.

La force réelle que les femmes représentent aujourd'hui, par le fait qu'elles peuvent en partie suppléer au manque de main-d'œuvre masculine est une force neuve. Mais cette force a besoin d'être instruite avec méthode et dirigée intelligemment vers les carrières industrielles où les qualités d'adresse et de soin, qui sont essentiellement celles des femmes, peuvent rendre les plus utiles services. Tel est, du moins à mon sens, l'intérêt essentiel du pays.

Le jour où l'État multipliera pour son compte des écoles professionnelles conçues dans l'esprit de l'école Rachel, il ouvrira aux femmes des possibilités considérables d'avenir meilleur et sèmera le bon grain d'où germe la richesse.

Quant à l'école Rachel, également gratuite, pour pupilles de la Nation (garçons), où l'enseignement porte principalement sur la mécanique et l'électricité — les deux fées de l'industrie moderne — elle présente cet avantage énorme que l'apprentissage complet de l'enfant s'y fait en une année et demie de la manière la plus rationnelle et la plus scientifique, alors qu'à l'usine il se fait de manière empirique, en quatre ans. Cent cinquante élèves environ en suivent les cours et sont ensuite placés par les soins de l'École. L'enfant de 15 à 17 ans gagne alors 20 francs par jour en moyenne.

L'enfant n'y perd pas son temps comme à l'usine à faire les courses d'un service à l'autre, à assurer les nettoyages, à jouer le rôle d'auxiliaire inerte de l'ouvrier, à servir de petit domestique du travail aux uns et aux autres. Les cours succèdent aux cours et, à ceux-ci, les travaux réels d'application. L'élève apprend son métier techniquement et manuellement. Quand il quitte l'école Rachel il est armé pour prendre place immédiatement dans l'élite de l'usine qui l'emploiera. A noter que l'École offre aux pupilles de la Nation le déjeuner de midi.

Sans fausse modestie, je crois qu'il y a là un exemple dont un État soucieux de sa renaissance industrielle peut s'inspirer.

Au reste, peu à peu, les particuliers, les diverses chambres syndicales et le ministre de l'Enseignement technique lui-même ont remarqué la portée sociale et la portée pratique de l'École Rachel. Son organisation les a frappés, et les uns et les autres ont apporté leur contribution à mon œuvre en adjoignant à sa direction un comité de perfectionnement composé des personnalités les mieux qualifiées pour lui fournir toutes les suggestions et toutes les modifications techniqués utiles, ou nécessitées par les circonstances actuelles. Le président de ce comité est M. Labbé, directeur de l'Enseignement technique au Ministère. M. Labbé, malgré l'excès de ses occupations, qui absorbent sa prodigieuse activité, n'hésite pas cependant à apporter au développement de l'École le concours précieux de sa grande expérience et de ses remarquables qualités d'administrateur.

La grande utilité de l'École Rachel a été si parfaitement comprise et sa portée, comme correctif à la crise de l'apprentissage, si bien appréciée, qu'à son image des écoles techniques naissent maintenant dans bien des départements industriels français.

Il faudra du temps, sans doute, pour qu'une organisation générale identique soit au point, mais il est décidé que les professeurs de ces écoles en formation, choisis parmi les artisans les plus réputés, feront un stage de perfectionnement à l'École Rachel et y étudieront les méthodes éprouvées par l'expérience durant une période à fixer, mais qui ne saurait être inférieure à 15 jours ou un mois.

Depuis que j'ai commencé à écrire ce livre, de nouvelles lois favorisant le développement de l'enseignement technique ont été votées par les Chambres. Leur effet ne tardera pas à se faire sentir et il est certain que les défectuosités de notre actuelle organisation de l'apprentissage iront en s'atténuant pour disparaître dans un avenir, éloigné sans doute, mais certain.

Je dois dire ici, à l'éloge de la C. G. T., qu'elle a apporté son puissant appui à l'étude de cette amé-

lioration et à son organisation pratique. La C. G. T.
a parfaitement compris que la classe ouvrière avait
un intérêt direct et profond à s'associer à toute organisation d'État tendant à créer un enseignement
technique général, applicable à toutes les professions,
et à lui apporter le concours de son expérience.
Aussi s'est-elle prêtée, avec la plus parfaite clairvoyance, à la création de commissions professionnelles, dans chaque commune de France, pour rechercher quels cours professionnels répondent directement aux besoins industriels et commerciaux
locaux. Elle s'est offerte, de plus, à faciliter et à encourager la fréquentation régulière des cours créés,
par tous les jeunes ouvriers et employés sur lesquels
elle a une influence syndicale. Et pour que la collaboration soit efficace et loyale, elle a été la première
à réclamer la présence de patrons, en nombre égal
à celui des ouvriers, dans les commissions d'organisation des cours.

On ne saurait donc trop féliciter la C. G. T. de
cette initiative qui sera grandement utile aux ouvriers
et à la nation.

Ceci dit, notons qu'une autre cause de la paralysie
du développement de la fortune publique, c'est la
question des changes. Malheureusement celle-là
échappe aux remèdes ordinaires. Il est difficile cependant de la passer sous silence, puisqu'elle affecte
journellement tous les genres d'affaires et influe
directement sur le prix des denrées et articles ayant
une provenance étrangère.

Mais plus encore que le prix exagérément élevé de certaines denrées étrangères, l'instabilité des cours des devises, est une cause de gêne dans les affaires. Si en effet la différence de valeur entre notre monnaie et les monnaies des autres pays était stable, il n'y aurait que demi-mal. Industriels et commerçants travailleraient sur une base fixe, donc avec plus de sécurité. Or cette différence de valeur se modifie de jour en jour, parfois d'heure en heure.

C'est ce qu'on appelle la variation des changes. L'inconstance des changes a cet inconvénient de troubler profondément les relations commerciales internationales. Un pays ne s'adapte pas instantanément à la diminution ou à l'augmentation de la valeur d'une devise et pour peu que les fluctuations se présentent comme l'aiguille d'une boussole folle, commerçants et consommateurs sont perpétuellement désorientés.

L'Allemagne, en adoptant cette politique financière qui a abouti à la ruine du mark, apparaît comme une grande coupable. Elle a volontairement nui au retour de l'équilibre dans les affaires du monde entier. Ses industriels, en effet, exploitant la baisse continue de la devise germanique ont pu tirer un excellent parti du bas prix de la main-d'œuvre et jeter sur les marchés des marchandises dont les prix étaient sensiblement inférieurs à ceux des marchandises correspondantes, produites par les autres pays.

De même que la santé de l'individu n'est réelle que par l'équilibre et le bon fonctionnement de tous les organes, la santé commerciale n'est possible que lorsque la stabilité des changes a succédé à la fièvre de la spéculation.

Si j'ai bonne mémoire, j'ai été l'un des premiers à oser préconiser la nécessité économique de la dépréciation de notre franc. J'ai passé alors pour un fou dangereux. L'article que j'ai publié sur ce sujet dans l'*Information* date déjà de 1916. Il a eu un certain retentissement et m'a valu nombre de lettres injurieuses car il était en opposition totale avec les idées propagées par la presse d'alors contre la vie chère. Pour l'opinion publique, qu'elle heurtait directement, mon opinion semblait une monstruosité.

Ce fut à propos de la première grève des midinettes, en 1916, que j'écrivis cet article. Lasses de ne toucher que des salaires réduits qui les conduisaient à la tuberculose ou à la prostitution, les petites couturières et modistes parisiennes s'étaient révoltées et avaient abandonné l'aiguille. Toute ma sympathie leur était acquise et dans la pensée de les aider à faire triompher leurs revendications, je leur conseillai de provoquer la décongestion de leur profession en dirigeant leur activité vers d'autres métiers plus lucratifs. A cette même époque d'ailleurs elles furent sollicitées par le développement d'une profession nouvelle, celle de tourneuse d'obus.

Elles y trouvèrent les hauts salaires dont elles avaient besoin pour vivre, mais malheureusement elles n'y apprirent rien et beaucoup d'entre elles y laissèrent leur santé. Quant aux professions de luxe elles perdirent dans l'affaire une précieuse main-d'œuvre.

Une fois de plus un mal social avait engendré un nouveau mal qui semble bien s'être aggravé depuis.

C'est si vrai que la preuve m'en a été donnée à une récente réunion au sous-secrétariat de l'Enseignement technique à laquelle j'étais convié et où la crise profonde de l'apprentissage dont j'ai parlé plus haut fut étudiée.

Le Ministre nous mettait au courant de la navrante visite que lui avaient faite, la semaine précédente, les présidents des chambres syndicales des fleurs et plumes et de la chaussure de luxe. Les premiers lui avaient dit qu'ils ne pouvaient plus recruter d'ouvrières ni d'apprentis, et les seconds lui avaient exposé la situation qui leur était faite par leurs ouvrières, telle que je l'ai expliquée tout à l'heure. Pour moi ce n'était qu'une confirmation de ce que je savais, mais pour beaucoup d'assistants c'était presque une révélation. Le ministre a parfaitement compris que ce double jeu de réclamations perpétuelles et de grèves périodiques engendrait l'incertitude de la production et l'élévation progressive des prix.

Comme on me demandait mon opinion sur le caractère anormal d'une telle situation, j'ai fait observer que dans tout contrat les deux parties doivent trouver leur compte. Quand avant la guerre, il y avait pléthore d'ouvriers, le patron bourgeois trouvait tout naturel de payer son personnel de 2 fr. 50 à 5 francs par jour, c'est-à-dire de lui donner tout juste de quoi ne pas mourir de faim. Aujourd'hui que la main d'œuvre s'est raréfiée, le personnel en profite pour dicter ses lois à son tour. Cela s'appelle le juste retour des choses d'ici-bas. Pourtant, hélas ! c'est l'économie générale du pays qui en souffre.

Obligé d'en passer par là, le patron bourgeois s'est retourné contre le consommateur et a relevé ses prix dans des proportions qui ont le double effet de lui laisser des bénéfices plus considérables que jamais et d'épouvanter les pauvres maris de nos mondaines.

Je n'entends pas faire le procès ni des ouvriers ni des patrons. Mais avant la guerre j'ai toujours été angoissé à la pensée de ces pauvres filles travaillant le ventre vide, la poitrine cassée par l'effort de longues heures d'application, les yeux usés par le mauvais jour ou la lumière électrique, sur les soies, les satins et les velours dont elles faisaient des merveilles pour la joie des autres.

Mais que nous voici loin du problème du change ! Dans l'article sur la dépréciation nécessaire du franc que j'ai publié voici sept années dans l'*Information,* je disais en substance ceci : notre budget d'avant-guerre atteignait 5 milliards et notre dette intérieure 30 milliards. On criait à la faillite de l'Europe.

Notre dette en 1916 se montait presque à 30 milliards, et 15 milliards étaient indispensables à l'équilibre de notre budget. Le franc était au pair, grâce à la convention passée avec l'Angleterre et l'Amérique. Comment faire honneur à notre signature et comment solder un tel budget sans recourir perpétuellement à l'emprunt ? Je soutenais donc qu'il n'y avait qu'un seul moyen : diminuer la valeur du franc. La livre sterling, à cette époque, valait 28 francs. En payant cher le travail manuel on employait l'un des moyens d'élever la valeur de tout ce qui constitue le patrimoine français.

La fortune totale de la France était estimée, avant la guerre, à 250 ou 300 milliards. Le pouvoir d'achat du franc, diminué d'un tiers ou de la moitié par rapport à la livre sterling ou au dollar, tout augmentait de valeur dans la même proportion : produits de la terre et produits manufacturés représentant, du jour au lendemain, deux ou trois fois plus d'argent. Notre patrimoine ainsi doublé ou triplé automatiquement nous permettait d'équilibrer notre budget. Diminuer la valeur du franc, c'était, artificiellement il est vrai, augmenter la fortune française et la porter presque à 750 milliards de francs ? C'était, en tous cas, mettre le pays dans la possibilité de faire honneur à sa signature. Aujourd'hui, en effet, le franc-papier ne vaut, au change, pas même le tiers du franc-or. Et c'est cette diminution, qui s'est produite comme je la préconisais, qui a permis à la France d'équilibrer son budget. On m'a considéré comme fou, il y a sept ans... Les événements pourtant m'ont donné raison, puisqu'ils ont fait une nécessité première de ce qui n'était, dans mon esprit, qu'une prévision nécessaire.

L'Allemagne semble avoir, dès le lendemain de la signature du traité de Versailles, parfaitement compris l'avantage de cet artifice. Mais elle l'a employé sans mesure, espérant liquider ses dettes intérieures sans bourse délier et esquiver ses obligations de réparations en faisant croire au monde entier que sa pauvreté était absolue.

A l'intérieur, effectivement, elle a tiré le maximum d'avantage de l'application outrancière de cette méthode. En effet, le mark est tombé si bas, dans un pays possédant l'outillage industriel le plus puissant du monde, servi par une main-d'œuvre abondante et disciplinée, que l'Allemagne peut régler ses dettes et racheter ses marks avec le milliard d'or qu'elle tient en réserve. Gare ce jour-là aux débiteurs et aux mécontents. Sans dettes, puissante du poids de ses 70 millions de citoyens, riche de son outillage perfectionné, ayant reconstitué une marine marchande plus nombreuse qu'avant la guerre, l'Allemagne sera plus redoutable qu'elle ne l'a jamais été.

Mais revenons à notre examen du problème des changes.

La richissime Amérique et la riche Angleterre ont conservé à leurs devises leur valeur-or d'avant la guerre. La Suisse, abandonnée depuis des années par les touristes, en raison de la valeur excessive de son franc, écoulant difficilement ses produits dans une Europe appauvrie, ayant perdu des sommes colossales dans la baisse du mark, mais regorgeant de dépôts d'argent allemand, se drape dans l'isolement que lui vaut la valeur surfaite de sa monnaie. La Hollande et les pays Scandinaves sont, à peu de chose près, dans une situation identique à celle de la Suisse.

L'instabilité du change, l'extrême mobilité du cours des devises, troublent toutes les transactions commerciales internationales et tournent à l'avantage des pays dont la devise est au cours le plus bas, et plus spécialement de l'Allemagne dont la production n'a cessé de croître. Il provoque, de plus, dans toutes les classes de la société un désir effréné autant qu'immoral de spéculation.

Je suis allé à Berlin l'année dernière. C'était la première fois depuis la guerre. Comme je rendais à un bijoutier la visite qu'il m'avait faite à l'hôtel, je vis soudain arriver chez lui un monsieur empressé :

— Qu'est-ce que ce tailleur vient faire chez vous ? demandai-je.

— A quoi voyez-vous que cet homme est un tailleur ? me répliqua le bijoutier.

— A sa démarche...

En effet j'ai toujours reconnu un tailleur à sa façon particulière de se tenir et de marcher.

Ce tailleur — c'en était un effectivement — venait proposer au bijoutier de lui vendre mille pardessus très élégants de toutes tailles et de toutes couleurs, à raison de 16 francs pièce. La veille j'avais acheté à Paris pour les pupilles de la Nation, quarante par-dessus, beaucoup moins beaux, au prix de 125 francs pièce.

J'allais me laisser tenter à acquérir ce lot si avan-tageux quand l'image de la douane apparut à mon esprit... Mon bijoutier m'expliqua alors que tous les jours, sans exception, des visiteurs venaient lui faire des offres d'objets les plus divers. C'était une spécu-lation inouïe !

Trois jours après, j'apprenais que les mille par-dessus avaient changé sept fois d'acquéreur et que le dernier les avait achetés au prix de 28 francs chaque.

Or, à cette époque, déjà lointaine si l'on considère la rapidité de la chute du mark, tout spéculateur à la fin de chaque journée, échangeait ses recettes contre des dollars et des livres sterlings. Dans chaque café, dans chaque magasin, dans chaque lieu public, le change était l'objet de toutes les conversations. Il s'y dépensait une telle fièvre qu'il en résultait parfois de macabres quiproquos. Ainsi, un jour, un consommateur entend, à une table voisine, parler de la détresse de la Russie : quelqu'un raconte qu'à Kieff, 10.000 personnes meurent chaque mois de faim ou de maladies occasionnées par les privations.

— Faites-les changer en dollars, dit tout haut le consommateur qui n'avait saisi de la conversation que le chiffre 10.000...

Dollars, livres, francs, marks, changes ; c'est

toujours l'argent qui sous ses noms divers hante les cervelles. Et l'on avait cru pendant la guerre que l'argent et l'or, tyranniques métaux, avaient fini leur règne ! Un grand savant de mes amis n'assurait-il pas, même, que la pierre philosophale était trouvée et que c'en était fini cette fois de la domination du « divin métal ».

Quelle erreur ! les rares pays, comme la Chine, qui ont gardé l'argent comme monnaie courante, ont vu leurs thaëls, qui valaient trois francs avant la guerre, monter à 24 francs !

Quant à l'or, certes, il demeure invisible. Enfoui profondément au fond des caves blindées, gardé comme un dieu par de véritables armées, inerte et cependant omnipotent, il règne plus que jamais sur le monde, tel le Veau d'Or des temps bibliques et semble narguer la seule puissance réelle de notre époque : le capital-travail.

Le Capital-Travail ! C'est lui qui représente en effet la fortune latente des nations. Dans un monde où la solidité des collectivités repose sur la puissance de la production et l'intensité des échanges, l'avenir n'est-il pas aux peuples qui travailleront le plus, le mieux, et dans les conditions les plus avantageuses.

Ceci m'amène tout naturellement à parler des lois qui régissent les bases fondamentales du travail et tout spécialement de la loi de huit heures, qui est pour nous, actuellement tout au moins, une cause d'infériorité économique.

Excellente en elle-même, cette loi a été inspirée par le plus noble des sentiments : celui d'affranchir l'ouvrier d'une servitude, de lui donner plus de liberté, afin, qu'à l'exemple des bourgeois, il ait le temps de compléter son instruction, de s'intéresser aux choses de l'esprit, aux arts, à tout ce qui élève l'homme et lui donne de la dignité.

Mais une question se pose. Le moment choisi pour l'appliquer était-il vraiment opportun ? N'eût-il pas été plus sage, tout en en maintenant le principe, de tenir compte des circonstances exceptionnelles de la guerre, de ses conséquences, et d'attendre ? Est-il juste aussi d'imposer le même temps de travail, — soit 8 heures — aux mineurs, aux travailleurs des fonderies d'acier, aux chauffeurs des fours de verrerie, etc., qu'aux contrôleurs et chefs de trains par exemple ! Tel travail pénible ne peut être soutenu, humainement, aussi longtemps que tel autre plus facile. Il y a là toute une question à étudier en bonne justice.

Si l'on considère donc l'État comme une maison de commerce qui a ses périodes de prospérité et ses périodes creuses, on est amené à se dire qu'il y a des moments où il est indispensable de déployer une somme plus considérable d'efforts pour maintenir ou développer sa prospérité.

La France a été complètement désorganisée financièrement et économiquement par la guerre. Pour faire face au déficit, qui apparaît dans tous ses services, il lui faut surtout compter sur son capital-travail, c'est-à-dire sur la richesse qui se trouve en puissance dans l'activité de tous ses enfants.

Or, c'est juste au moment où il aurait fallu déployer le maximum d'intelligence, d'initiative, de bonne volonté, d'ardeur au travail pour arriver au maximum de production, combler le déficit et rétablir l'équilibre économique du pays que les législateurs ont décidé de diminuer d'au moins 20 % le capital-travail. Singulier moyen, en vérité, de ramener la prospérité compromise ! Car tel est exactement l'effet de la loi de huit heures.

Que mes amis socialistes ne croient pas un seul instant que mes idées démocratiques ont été modifiées ou altérées par les circonstances. Je reste ce que j'ai toujours été : un sincère démocrate, mais comme je n'appartiens à aucun parti politique, pas plus d'ailleurs qu'à aucune religion, je peux juger de toute chose sous un angle purement philosophique et critiquer telle ou telle mesure, qui me paraît une erreur, sans avoir à craindre de passer pour un affreux criminel qui n'admet pas en son entier la sacro-sainte doctrine politique décrétée infaillible par les docteurs d'un parti.

Persévérer par discipline politique dans une erreur ressemble à une naïveté : c'est abdiquer tout esprit critique, c'est nier aveuglément toute possibilité de progrès. Les mêmes lois ne peuvent être faites à la mesure de tous les pays et il faut savoir tenir compte des événements exceptionnels qui pèsent sur les peuples et des exigences que com-

portent les difficultés engendrées par les bouleversements sociaux. Quand la maison de commerce est
menacée de faillite, c'est en travaillant davantage
qu'on peut sauver la situation.

Je comprends parfaitement que des pays comme
l'Amérique du Nord, qui est le royaume de la machinerie à outrance et du perpétuel perfectionnement de
l'outillage, appliquent le principe des huit heures.
Dans chaque industrie, dans chaque usine américaines, le patron a constamment à l'esprit l'idée du
meilleur rendement de ses machines et il n'hésite
jamais à remplacer un outillage qui ne lui paraît pas
parfait par un outillage plus perfectionné. Toute
la production américaine est réglée par ce principe :
minimum d'efforts, minimum de temps, maximum
de rendement.

C'est si vrai que si un travail nouveau est commandé dans une usine, le patron n'hésitera jamais
à acheter ou à créer un outillage neuf, nécessaire
à l'exécution de ce travail, plutôt que d'essayer
d'employer des machines anciennes, mal appropriées, qui produiraient un travail imparfait. En
Amérique, sans cesse on innove, sans cesse on amé-
liore, sans cesse on crée et c'est ainsi que ce puissant
pays parvient à produire vite, bien, bon marché, tout
en ayant la population ouvrière la plus heureuse
et la mieux payée.

Chez M. Henry Ford, par exemple, le célèbre
fabricant d'automobiles qui fêta récemment la sortie
de sa cinq millionième voiture, la durée du travail

journalier de chaque ouvrier est fixée à six heures. Ses usines, qui ne s'arrêtent jamais, car les ouvriers sont divisés en quatre équipes, qui se relayent de six heures en six heures, passent pour des modèles. Pas une machine, pas un outil désuet ou fatigué ne s'y trouve. Le système Taylor règle la distribution du travail. En six heures, ses ouvriers gagnent autant que les ouvriers d'autres usines en huit heures, et cependant la production des usines Ford, avec ses 4.000 voitures par jour, défie toute concurrence pour les prix.

Chose qui nous étonne, c'est ce même Henry Ford qui, pendant la guerre, a frété un navire pour se rendre dans les pays les plus francophobes, qu'il a parcourus et où il a fait une campagne pacifiste inadmissible, au moment même où les alliés voyaient enfin la guerre évoluer vers la victoire et avaient la certitude d'abattre l'Allemagne. M. Ford a dépensé alors la plus singulière activité pour engager les peuples à intervenir en faveur de la cessation immédiate des hostilités avant toute décision, initiative qu'il s'était bien gardé de prendre quand la fortune des armes semblait contraire aux alliés.

M. Henry Ford compte quelques erreurs de jugement aussi graves dans le domaine des rapports entre citoyens. Ainsi, on se demande comment un esprit qui s'est montré si clairvoyant, et disons même si génial en affaires, a pu concevoir ou se mettre au service de l'idée la plus dissolvante du monde, celle qui consiste à empoisonner tout un peuple libre par la passion et la haine entre citoyens. La république des États-Unis est par excellence la terre de la liberté, de toutes les formes que peut prendre la liberté : c'est sa plus pure tradition et c'est son orgueil. Pourquoi cet homme a-t-il heurté de front ce qui est la fierté de son pays en dépensant des centaines de millions pour propager les passions antisémites qui étaient pour ainsi dire inconnues aux États-Unis. A dépenser l'argent sans compter pour une propagande quelconque, fût-elle opposée à toute l'histoire nationale d'un pays, on réussit toujours à grouper des adeptes. L'antisémitisme subventionné par M. Henry Ford commençait donc à prendre un semblant de développement quand le gouvernement américain, le regretté président Harding en tête, les magistrats, les intellectuels et en général tous ceux qui ont un rang élevé dans l'activité américaine et qui représentent la haute valeur morale du pays, ont manifesté leur indignation et ont publiquement flétri la campagne menée par le grand industriel.

Si M. Ford manque de ce sens national dont tout Américain a fait sa loi, il aurait tout au moins pu réfléchir aux dangers que font courir à tout un peuple la propagation d'idées qui contiennent en germe la guerre civile. N'est-il pas connu et admis par tout le monde qu'en Russie le tsarisme avait la coupable habitude de détourner l'attention publique des difficultés intérieures, qui se produisaient fréquemment, par l'organisation méthodique des pogroms dans les localités à population juive très dense. Pour l'entourage du Tsar, c'était créer une diversion. De fait, le peuple russe oubliait les crises publiques devant le spectacle cruel de massacres odieux.

Mais à ce jeu criminel, les idées de meurtre, de pillage, de vol, d'incendie, d'émeute sont entrées petit à petit dans l'esprit de nombre de moujiks, qui certes n'y songeaient guère, et, avec les misères de la guerre, ces idées malsaines se sont enflées jusqu'au jour où les Russes les ont retournées contre ceux qui les leur avaient inculquées. Plus clairvoyants que M. Ford, les intellectuels russes et même quelques monarchistes réfugiés en France étaient d'accord, à une réunion à laquelle j'assistai récemment, pour flétrir les pogroms et considérer l'antisémitisme et en général tout développement des sentiments de haine entre citoyens comme le levain le plus dangereux qu'on puisse apporter dans un État.

M. Ford a-t-il jamais réfléchi à tout cela ? Mais passons ! L'Amérique n'est pas la terre où de telles passions peuvent avoir de profondes racines : l'argent dépensé par l'industriel les conditionne... Elles y dureront ce que durera la pluie de dollars qui l'entretient. Et l'on me dit même que M. Ford a déjà atténué, sinon cessé, sa campagne dont il aurait reconnu la profonde erreur.

L'usine américaine n'en est pas moins l'usine modèle par excellence. L'ouvrier français ignore malheureusement le régime si courant de ces usines d'outre-atlantique.

Il a d'ailleurs une sorte de crainte instinctive du développement du machinisme et s'imagine que le grand développement de l'outillage entraînerait le chômage. C'est une erreur qu'il serait utile, dans son propre intérêt, de dissiper. N'est-il pas affligeant que manquant de main-d'œuvre comme nous en manquons, quantité. d'industries, qui seraient une source de richesse pour la France, ne peuvent même pas être créées et exploitées, faute des ouvriers nécessaires !

Nos syndicats ouvriers auraient le plus grand intérêt à envoyer des délégations aux États-Unis pour y examiner de près les conditions du travail. Ils verraient que dans ce pays où la machine semble souveraine, l'ouvrier touche des salaires beaucoup plus élevés qu'en Europe, qu'il y jouit d'une aisance extraordinaire, qu'il y vit confortablement et que les conflits pour des questions de salaires y sont moins fréquents que chez nous.

Ils y verraient aussi que l'aisance de l'ouvrier n'empêche pas les patrons de trouver leur compte aux gros paiements et à la réduction des heures de travail, puisque grâce au perfectionnement de l'outillage et à l'excellence de la distribution de la besogne de chacun, ils peuvent produire à des prix qui les font souvent maîtres des marchés internationaux et leur permettent d'écouler cette production dans les cinq parties du monde.

Les rares industriels qui ont voulu introduire chez eux les méthodes de travail américaines dans le louable but de faire de leurs ouvriers des hommes plus heureux, n'ont pas toujours réussi.

J'admets parfaitement que l'ouvrier ne doit pas éprouver de joies profondes à l'exécution de sa besogne. Il croit volontiers, trop volontiers même, qu'il fournit une tâche dont le profit va à d'autres. N'aime-t-il donc plus son métier ? ou ne l'aime-t-il plus comme l'aimaient les ouvriers d'autrefois ? Peut-être ! La machine a fait tort à l'artisan et l'homme sent trop qu'il n'est que l'auxiliaire de cette machine, plus forte que lui, plus puissante, infatigable et qui fait à la perfection, en quelques minutes, ce qui lui demanderait des heures d'effort. Éprouve-t-il de l'ennui à travailler pour les autres, pour le bourgeois capitaliste qu'il n'aime pas beaucoup ? C'est possible, car il ne déteste pas le travail en lui-même et j'en ai eu maintes fois la preuve. Des ouvriers, des femmes de chambre qui se plaignaient de travailler trop chez leur patron me l'ont fournie.

Tel est le cas d'une de mes anciennes femmes de chambre, qui se plaignait précisément de n'avoir pas assez de liberté chez moi et trop de travail. Elle me quitta et, ayant quelques deniers, elle acheta une gargote dans un quartier populeux de Paris. De ce jour, ce fut pour elle une toute autre vie. Ce fut même une vie d'enfer. Ayant à satisfaire aux besoins d'une clientèle d'ouvriers, elle se levait chaque matin à 5 h. 1/2 et ne se couchait guère avant minuit, la semaine comme le dimanche. Mais elle travaillait

pour elle : il n'était plus question de manquer de
liberté !

Il me serait facile de multiplier ces exemples.
Je dirai, d'ailleurs, que je comprends très bien cet
état d'esprit et je me rends compte que travailler
pour les autres ne donne pas les satisfactions que
procure le travail personnel. Je plains donc très
sincèrement tous ceux que les circonstances de la vie
obligent à ne pas travailler pour leur compte, mais
j'ai toujours respecté le contrat tacite passé entre
ceux qui emploient et ceux qui travaillent et je
considère que si tout travail mérite salaire, tout
salaire doit être représenté par du travail. Étant
profondément démocrate, j'estime encore que chacun doit défendre ses droits, tous étant égaux devant
la loi. Les organisations ouvrières comme les organisations bourgeoises doivent être respectées, mais
toute organisation qui manque de souplesse et de
bonne volonté ne peut faire que du travail néfaste.

Aussi longtemps que dans les deux camps, on ne
voudra pas comprendre que tout se tient, que les
uns ne demeurent en équilibre que parce que les
autres leur servent de contrepoids, aussi longtemps
que l'ouvrier ne s'appliquera pas à travailler avec
conscience, aussi longtemps que l'industriel ne voudra pas comprendre que son industrie ne peut pas
exister sans le bien-être de son personnel, on vivra,
non seulement sur une équivoque, mais encore sur
une déplorable erreur sociale.

Mais la vie sociale, comme la vie réelle, bénéficie

toujours, à la longue, des leçons de l'expérience et la raison finit toujours par être la raison. Je fais cette remarque parce que l'occasion m'ayant été donnée de m'entretenir avec différentes personnalités dirigeantes de la C. G. T., j'ai pu me rendre compte que cette organisation fondamentale de la vie ouvrière en France avait compris et très probablement dirigé, l'évolution de la mentalité ouvrière depuis 1918, Le respect du travail, sous son égide, est devenu une véritable loi qui est rarement transgressée, et la nécessité de la concorde, entre corporations comme entre partis politiques, est devenue une réalité.

Il y a donc lieu de supposer qu'en face de la bonne volonté ouvrière, basée sur le respect des contrats loyalement consentis, les erreurs patronales qui peuvent exister encore disparaîtront à leur tour et que la paix sociale deviendra une charte dans une France décidée à poursuivre son relèvement et à accroître sa prospérité.

# VIII



Tout se tient dans la vie d'un peuple : la solidité de son gouvernement, son organisation administrative et sociale ; sa structure morale, sa santé intellectuelle, son organisation industrielle, ses facultés commerciales, son expansion scientifique, artistique et littéraire. Quand toutes les facultés de pensée et de production d'une nation atteignent leur apogée en parfait équilibre, elle rayonne sur le monde et laisse dans l'Histoire une trace ineffaçable. Le siècle de Périclès, le siècle de Justinien et le siècle de Louis XIV sont, à trois époques distinctes, le plus parfait exemple de cet état de perfectionnement complet qu'ont atteint successivement trois nations : la Grèce, Rome et la France.

Aujourd'hui que tout passe au crible de la critique la plus sévère et la plus rapide, grâce aux moyens télégraphiques et téléphoniques de propagation des informations, il est beaucoup plus difficile qu'autrefois à un peuple d'avoir sur les autres une influence réelle et profonde. De plus, une véritable lutte de propagande existe entre nations rivales — et rivales ne veut pas dire ennemies — qui fait que toute faute, de quelque ordre qu'elle soit, est relevée, amplifiée et exploitée contre celle qui l'a commise.

Dans quel but me demandera-t-on ? Dans le but de nuire à l'influence politique ! Nullement. Hormis la Russie des Soviets qui rêve, bien inutilement, de répandre des idées communistes sur toute la surface du globe, aucune nation ne vise, ni même ne songe actuellement à la domination politique. Le but profond de toute propagande à l'étranger est d'assurer l'influence commerciale de la nation qui l'entreprend en combattant l'influence commerciale des autres nations, parce que, dans l'organisation moderne du globe, la fortune collective de tout peuple est liée à l'intensité des échanges commerciaux autant, pour le moins, qu'à sa production industrielle.

Cette question de l'influence à l'étranger a tant d'importance que tout citoyen, dans une nation d'élite, devrait se demander, avant de faire quoi que ce soit, si ses actes peuvent avoir une répercussion favorable à son pays en dehors des frontières, ou s'ils ne peuvent pas être exploités contre

son pays et lui-même, moralement ou matérielle-
ment. Je sais bien qu'un tel examen de conscience
perpétuel est chose impossible, mais au moins devrait-
il exister chez les artistes, les écrivains, les gens
de science, les financiers et les grands entrepreneurs
d'exploitation industrielle et commerciale.

C'èst si vrai qu'on ne s'imagine pas combien notre
littérature légère nous a nui, à nous autres Français,
à l'étranger. Combien nous ont jugé d'après les
héroïnes névrosées de nos mauvais romans et de nos
mauvaises pièces ! Les Allemands dont on ne niera
pas le sens commercial, ont si bien jugé l'importance
du discrédit que nos mauvais livres pouvaient faire
peser sur nous, que les imprimeurs de Leipzig n'ont
jamais hésité à multiplier les éditions de ceux qu'ils
jugeaient nuisibles à notre réputation mondiale
et à les envoyer dans les cinq parties du monde, en
en faisant souligner soigneusement le caractère
scandaleux par les journaux à leur solde. Et il arrive
tout naturellement que pour un Américain, un Aus-
tralien, un Argentin ou un Persan, la Viennoise est
toujours une « veuve joyeuse » et la Parisienne une
femme adultère ou vicieuse.

Ces considérations générales me rappellent une
conversation que j'ai soutenue, il y a quelque temps,
dans un milieu intellectuel et qui met en lumière,
très exactement à mon avis, la façon de juger sainement cette question, sans exagération dans le sens
de la vertu. La France est trop le pays de la mesure
et de l'esprit pour qu'on n'y sache pas blâmer ce qui

est blâmable et admettre ce qui est simplement
agréable, léger et spirituel.

A la vérité, j'avais été invité ce soir là à une
séance de spiritisme et, loin de penser à discuter
littérature et influence de la littérature à l'étranger,
je comptais tout bonnement m'intéresser à de curieuses manifestations de l'au delà, car tout ce qui
touche au merveilleux m'intéresse et même me pas-
sionne.

Au dernier moment, le médium, qui ne se sentait
peut-être pas en bonne forme, n'est pas venu.
L'assistance en a vite pris son parti et faute de
pouvoir spéculer sur les mystères du subconscient,
nous avons bavardé sur les réalités de ce monde.

La vertu, par hasard, a fait les frais de la conversation : elle a été vantée et célébrée, comme si elle
avait besoin de tant d'hommages. Puis le sujet
a légèrement dévié et la conversation est tombée
sur les deux grands succès de l'année, en librairie
et au théâtre.

Un écrivain, très emballé à ce moment-là sur la
nécessité de la morale a dit mille choses désagréables
sur le livre critiqué et sur son auteur, commandeur
de la Légion d'Honneur, ou du moins qui l'était
encore à cette date, car il a été radié, sur proposition
du Conseil de l'Ordre, quelques jours après.

Selon sa thèse, il n'y avait plus dans le monde des
lettres, d'autre moyen de gagner de l'argent qu'en
écrivant des livres pornographiques.

Reprenant les mêmes arguments à son compte,

un auteur dramatique a dit ensuite qu'il en était de même au théâtre, et il a cité en exemple une pièce excessivement gaie qui a tenu l'affiche et fait recette durant deux ans, au théâtre du Palais-Royal.

Le romancier et l'auteur dramatique ont estimé tous deux, à juste titre, d'ailleurs qu'aucun livre sérieux, qu'aucune pièce grave, fût-ce des chefs-d'œuvre, ne sauraient prétendre à atteindre le succès d'argent du roman et du vaudeville incriminés.

J'écoutais en silence ces opinions énoncées avec chaleur, et je me faisais intérieurement ces réflexions :

« Ce n'est pas mon rôle de critiquer des œuvres littéraires ni mon métier, mais en tant que lecteur ou spectateur, j'appartiens à ce qu'on appelle le public et, comme tel, je puis avoir mon opinion sur leur portée sociale, et aussi sur l'effet qu'elles produisent sur les personnes de ma condition.

« Mon opinion sur ce sujet est donc double, en ce sens qu'il y a lieu de juger la question en général d'abord, et d'examiner ensuite le point de vue particulier qui nous occupe. Pour moi, un écrivain est avant tout un éducateur populaire : ce n'est pas un commerçant. Celui qui entre dans la carrière des lettres obéit toujours à une irrésistible vocation, comme le peintre, le sculpteur, le musicien. Il y est porté par les dons qu'il a reçus en naissant. L'œuvre à laquelle il voue son existence est incontestablement une œuvre d'art. Du fait même de son choix, l'écrivain doit tout naturellement renoncer à faire fortune et il consent tacitement à une vie matérielle modeste en échange de joies d'art très particulières, de la renommée, des honneurs. L'histoire littéraire de la France est une longue suite d'exemples de ce genre : la misère du grand Corneille est légendaire ; les huissiers de Balzac et d'Alexandre Dumas sont trop connus pour qu'il soit besoin de les rappeler, Murger sans pain, Musset sans feu, ou la mort misérable de Verlaine sont autant de cas célèbres. Presque tous les écrivains qui sont la gloire de la France, des xvie, xviie et xviiie siècles, n'ont pu produire leurs chefs-d'œuvre que parce que l'existence matérielle leur a été assurée par la cassette des souverains ou la générosité de ceux qu'on appelait alors les « protecteurs des lettres et des arts ». Le livre ne nourrit pas beaucoup moins mal son auteur aujourd'hui qu'alors.

« Il faut toutefois distinguer trois catégories essentielles d'écrivains : ceux qui instruisent le lecteur et ceux qui l'amusent, puis ceux, mais à part et en petit nombre, qui le pervertissent. Je n'hésite pas à classer parmi ces derniers les pessimistes. C'est le cas de la majorité des écrivains russes. Lisez Dostoiewsky, lisez Gorki et tant d'autres, tous font de désolants tableaux de la souffrance et des misères du peuple russe. La prison, l'exil, le cabaret, l'esclavage, la folie forment le fond commun de leurs ouvrages. Leur prose sent la détresse, la douleur, l'adversité. Le cœur se déchire quand on les lit et le plus souvent on a le désir de s'échapper de leurs pages cruelles comme d'un cauchemar. Évidemment ces écrivains sont en partie responsables de l'éclosion du bolchevisme.

« Pour en revenir au mauvais livre et à la mauvaise pièce dont nous parlions, je dirai que j'ai lu l'un et que j'ai vu jouer l'autre. Cependant je lis peu et je vais rarement au théâtre, ce qui est, je crois, le cas de la majorité de mes contemporains, trop absorbés par le souci des affaires et les exigences de la vie difficile d'à présent.

« Pour ma part, je conserve certainement dans mon inconscient toutes les vertus de mes ancêtres, mêlées à toutes les tares nerveuses contemporaines, car l'association de ces moteurs différents me fait trimer depuis 7 heures du matin jusqu'à 6 heures du soir. Heureux encore si la nuit mon sommeil n'est pas troublé par l'inquiétude d'un devoir imparfaitement rempli dans la journée. J'ai toujours peur, en effet, d'avoir manqué par quelque endroit à mes devoirs familiaux, à ceux de père de famille, de citoyen, de chef de maison, de commerçant. Sans excès d'ambition ni vanité je travaille avec ardeur, et ne recherche d'autre satisfaction que celle de la réussite de mes affaires. La journée terminée, je ne crois jamais avoir fini et j'ai l'impression d'être comme un cheval de courses qui, lancé à toute vitesse, court encore quand le poteau est dépassé.

« Offrez-moi à lire à ce moment un livre à tendance philosophique, un roman psychologique, une étude économique, je ne me sens pas le courage de l'ouvrir.

J'ai besoin d'une détente, il me faut un livre facile
à digérer, un livre gai, vivant, léger, qui me fasse rire
ou tout au moins sourire et dont je puisse tourner les
feuillets sans fatigue, comme je verrais un film.
Un sujet, même intéressant, m'ennuierait ou me fati-
guerait, s'il me forçait à réfléchir encore ou s'il exigeait seulement une attention soutenue pour en suivre
le développement.

« Je ne crois pas que mon cas ait rien d'extraordinaire. Il est certainement celui de tous mes pareils,
car j'ai la conviction de représenter le type courant de
l'homme surmené de l'époque présente.

« Nous n'avons malheureusement pas le temps de
nous consacrer à la méditation, au recueillement ou
à la contemplation. C'était bon au temps des dili-
gences cela. Aujourd'hui, l'entraînement de l'activité
est tel que même quant arrivent les vacances, le
pauvre animal humain, emporté comme dans un
mouvement giratoire dont il est le jouet, ne songe
même pas à se reposer : le sport, l'auto, la marche,
les voyages, toutes les formes de l'activité physique
s'emparent de lui et continuent à maintenir son organisme en mouvement.

« Vous pouvez reprendre à votre compte tous les
sévères jugements de Kant et, au nom de la morale
pure, condamner les deux écrivains dont le livre et la
pièce ont soulevé les critiques, vous n'empêcherez
pas qu'ils se sont comportés non en artistes, mais en
commerçants avisés, exclusivement préoccupés d'offrir au public la marchandise qui a chance de lui

plaire, sans se soucier de la répercussion de leurs
œuvres sur notre bonne renommée à l'étranger.
Ils ont offert des textes et des tirades malsaines,
mais qui devaient plaire au public d'aujourd'hui,
parce qu'elles n'imposent aucune fatigue à la cervelle. Car hélas ! tout est là. Nos cerveaux surmenés
réclament de tous côtés des distractions faciles.
Le succès des dessins avec une boutade d'une ligne,
des historiettes de haute fantaisie, des petits articles humoristiques qui paraissent maintenant dans
tous les journaux et reposent des graves discours
politiques et des dissertations sur les réparations
ou l'équilibre de l'Europe, procèdent du même
besoin qu'ont tous les esprits absorbés par la vie
ou les affaires, de se détendre un instant et de ne pas
passer sans transition de la gravité des problèmes
personnels à l'angoisse des problèmes internationaux.

« Vos deux écrivains me font absolument l'effet
de ces industriels qui ne cherchent pas à vendre
au public les produits qu'ils fabriquent tels qu'ils
les ont conçus, mais tels que le goût des acheteurs
les exige. Renonçons, si vous le voulez, à leur donner
le beau titre d'artistes ; appelons-les même des marchands de lettres. Qu'est-ce que cela peut leur faire.
Ce n'est pas le respect ou l'estime qu'ils réclament de
nous : nous lisons leurs livres, nous assistons à leurs
pièces, leurs recettes grossissent. C'est là tout ce
qu'ils désirent.

« Ces deux écrivains ne se sont évidemment souciés
que de faire de belles recettes et, s'ils y ont songé,

ce qui n'est pas certain, ils se sont totalement désintéressés de l'opinion que les étrangers allaient se faire, d'après eux, du moral de la France. Nous savons bien, nous autres, qui voyons de très près quelle admirable femme est la Française et quelle cellule morale digne et profondément honnête est la famille française, que les pantins énervés de telles œuvres sont représentatifs d'exceptions, qui nous choquent quand nous les rencontrons. Mais un livre tiré à plus de 300.000 exemplaires, une pièce jouée des milliers de fois influent fatalement sur le jugement de ceux qui, loin de la France, n'en connaissent pas les vertus profondes.

« Ne contestons point que c'est le rôle de l'écrivain de passionner les esprits en choisissant un héros qui est un symbole. Tout l'art est de savoir choisir. Le grand Corneille prend le Cid... Trop d'auteurs contemporains préfèrent des détraqués du xx<sup>e</sup> siècle ! Et la propagande allemande s'emparant de cette tendance, s'acharne à montrer au monde que la France est un pays où les détraqués sont l'immense majorité. »

Quant au médium attendu, personne n'y songeait plus, et pourtant, quelle passionnante question que celle qui touche au merveilleux et à toutes les mystérieuses relations existant entre le monde invisible et notre pauvre humanité !

Qui nous prouve que l'au delà n'a pas sa part d'influence dans la réussite de celui qui fait fortune. Qui nous dit que beaucoup de ces qualités essentielles dont j'ai parlé, qu'on trouve chez tous ceux que le succès a favorisés, ne nous viennent pas par des voies mystérieuses, inexplicables encore en l'état actuel de la science, mais que la science de demain nous fera connaître.

Pour les gens d'il y a un siècle, l'électricité n'avait pas d'autre nom que la foudre. C'était une force prodigieuse qui avait le ciel pour domaine et que nul ne songeait à expliquer. La science a discipliné la foudre et en fait le plus souple et le plus docile auxiliaire de la vie moderne. Pourquoi ne discipline-rait-elle pas demain les forces inconnues à peine devinées, éparses dans l'espace, dont nous subissons les effets mystérieux sans pouvoir les explicquer ni les comprendre ?

Nous vivons à une époque où le mystère d'hier est devenu la clarté d'aujourd'hui. Il ne nous est plus possible de nous attarder dans aucune croyance ni d'admettre aucune négation. Nous n'avons plus le droit de dire : « Ceci n'est pas » ou : « Ceci ne sera pas » devant les merveilles que la science jette chaque jour devant nos yeux éblouis. Puisque les ondes de la T. S. F. nous apportent les voix les plus lointaines, pourquoi trouverions-nous plus extraordinaire que d'autres ondes, non encore disciplinées, nous apportent la pensée d'un être humain placé à l'autre bout du globe. Tout est possible. Les prédictions d'avenir, la lecture de la pensée, les superstitions, les pressen-timents, la chiromancie, l'art de tirer les cartes même, sont autant de sujets qui nous paraissaient futiles et dont nous nous plaisons encore à rire parce que les anciens s'y adonnaient au petit bonheur, sans la moindre donnée scientifique. Mais désormais il y a peut-être lieu de les étudier, avec toutes les ressources que les savants mettront à notre disposition et de tirer de ces vieilles archives abandonnées des vérités qui n'étonneront pas plus nos petits enfants que le cinéma ne nous surprend.

En attendant les lumières que l'avenir nous apportera, l'examen seul des diverses manifestations du merveilleux est pour chacun de nous une raison de réflexion, et peut-être une explication très nette de certains de nos actes. Moi aussi j'ai été sceptique, comme tout le monde, devant les problèmes de l'au delà, dont la solution nous échappe encore. Mais j'ai vieilli, j'ai vécu, j'ai été le témoin de faits singuliers qui m'ont fait réfléchir. J'ai même été le héros de quelques-uns — et je n'ai plus osé nier qu'il y avait en dehors de notre volonté des phénomènes inexpliqués ayant une action sur notre destinée, et la régissant même peut-être plus que nous ne le supposons.

Je me bornerai à en citer trois, pas davantage, qui m'ont profondément troublé. Ils n'ont, certes, pas de rapport direct avec mon livre, mais j'ai idée qu'ils intéresseront tout de même quelques esprits curieux qui jugeront par là de l'évolution qui s'est opérée en moi, en ce qui touche aux étranges problèmes du mystérieux.

Peu de temps avant la guerre, un de mes amis, M. H..., professeur dans un lycée de Paris, prenait le café chez moi, après dîner. Nous bavardions. Légèrement renversé sur ma chaise, j'avais pris une position qui m'est volontiers familière : les deux bras écartés, les mains ouvertes avec les paumes en dehors, en pleine lumière.

Je dois dire que mon ami M. H... est un esprit curieux qui, pendant de longues années, a soigneusement étudié la chiromancie. Desbarolles n'a pas de secrets pour lui. Maintes fois il m'avait offert d'étudier mes mains, ce que j'avais toujours refusé. Mon scepticisme était encore à peu près absolu à cette époque et je m'étais fait une sorte de loi de ne croire, comme saint Thomas, qu'à ce qui m'était évidemment démontré : « Je connais, me disais-je, le passé et le présent. Quelle folie de vouloir dévoiler l'avenir ! En admettant même que les prédictions d'avenir soient exactes, n'est-il pas inutile et même dangereux de les connaître ! Savoir ce que demain nous réserve, n'est-ce point perdre du même coup l'illusion et l'espérance, les deux chimères les plus douces à l'imagination humaine ? »

Donc nous bavardions... Mais tout en échangeant des idées sur les événements du moment, mon ami regardait obstinément ma main gauche, grande ouverte sous ses yeux. Son regard ne tarda guère à me gêner et j'éprouvai même à ce moment — j'en ai gardé le souvenir très net — un sentiment particulier, celui qu'éprouverait un être humain dont la pudeur serait choquée par un déshabillage en public. Brusquement je fermai ma main.

Mon ami sourit. Le sentiment qui m'avait dicté ce geste ne lui avait pas échappé. Il s'excusa, puis d'une voix plus grave, il ajouta :

— Sans le vouloir, je viens de découvrir un très grand secret de votre vie prochaine. Avant deux mois un changement considérable surviendra dans votre situation.

Ce fut à mon tour de sourire. Ni la gravité du ton, ni le sens mystérieux des paroles ne m'avaient impressionné. En quoi ma situation pouvait-elle se trouver modifiée brusquement ? Mes affaires commerciales étaient prospères et elles étaient établies sur des bases offrant une sécurité absolue. Je traitai intérieurement mon ami de « marchand de sornettes » et ne crus pas un mot de ce qu'il avait dit.

Combien j'avais tort ! Deux mois après cette soirée, je portais sur le dos l'uniforme de soldat de deuxième classe sous les ordres d'un de mes anciens employés, chargé plus spécialement chez moi de faire les courses, mais lieutenant de réserve, de par le fait de la mobilisation...

Et voici les deux autres, d'un autre ordre. Ceux-ci m'ont si profondément troublé quand je les ai connus que je tiens à les mettre sous les yeux de ceux qui se piquent de scepticisme irréductible.

C'était en pleine guerre. Un de mes amis, M. N. J... était allé rendre visite à Reims à une très vieille dame qui n'avait pas voulu quitter la ville malgré le danger des bombardements quotidiens. Cette vieille dame, heureuse d'une visite que les pluies d'obus et les difficultés de circulation dans la zone de combat rendaient plus précieuse, offrit à M. N. J... un copieux déjeuner. Rien n'y manqua, pas même le champagne, comme bien on pense, puisqu'on se trouvait dans la métropole du « vin joyeux ».

A l'heure du café, mon ami fut pris tout à coup d'une angoisse indéfinissable. Une force plus puissante que sa volonté imposait à son esprit l'idée de quitter immédiatement la maison et d'aller au moins jusque dans le jardin.

« Prenons le café dehors », proposa-t-il.

La vieille dame refusa.

« Je suis très fatiguée, répliqua-t-elle. Je ne me sens pas le courage d'aller jusque dans le jardin ».

M. N. J... insista.

« Venez je vous en prie... Je vous assure qu'il le faut... je ne sais pas pourquoi, mais il le faut... »

« Faites un tour dans le jardin si vous voulez, vous reviendrez prendre le café tout à l'heure. »

Mon ami n'attendit pas davantage... Il partit en courant, sa tasse à la main. Dans son cerveau — c'est lui qui me l'a raconté — la force inconnue lui commandait de fuir en toute hâte.

A peine était-il dehors que le fracas d'une formidable explosion l'assourdit. Un obus de gros calibre venait de s'abattre sur l'immeuble.

L'émoi passé, il rentra dans la maison comme un fou. Dans ce qui restait de la salle à manger, il aperçut alors sa vieille amie assise, immobile, tenant toujours sa tasse à la main, mais sans tête. Un éclat d'obus l'avait décapitée.

Nul doute que s'il n'avait pas obéi à l'ordre mystérieux qui lui commandait de fuir cette piece, il eût été broyé par l'engin. Pressentiment ! dira-t-on. Je trouve le mot trop facile. Je dis avertissement mystérieux mais je ne me charge pas d'en expliquer la source ni le mécanisme...

Dernier fait, d'un autre ordre encore et non moins extraordinaire. Le père et la mère d'un jeune soldat tué à Verdun avaient obtenu de l'autorité militaire l'autorisation de rechercher le corps de leur enfant et de le ramener au cimetière du village natal.

Ils connaissent l'endroit où il a été tué et dans quel cimetière provisoire du front il a été inhumé.

Les voici arrivés dans la petite localité voisine de la vaste nécropole où dorment d'innombrables soldats. C'est le soir. Il est trop tard pour commencer les recherches. Tous deux prennent donc possession de la petite chambre de l'unique auberge de l'endroit pour y passer la nuit. Avant de se coucher la mère s'approche de la fenêtre qui donne sur le jardin et l'ouvre pour aérer la pièce.

Un cri terrible retentit. C'est la mère qui l'a poussé. Le père accourt, la soutient, car elle manque de défaillir et tient obstinément ses deux bras tendus vers l'extrémité du jardin. Qu'y a-t-il ?

L'image souriante de son fils vient de lui apparaître au milieu de l'allée. Il est en uniforme : *un soldat américain et un soldat russe l'encadrent.*

Par-dessus l'épaule de sa femme le père voit, lui aussi, la souriante vision.

Cela dure quelques secondes, puis tout disparaît. La nuit profonde emplit maintenant l'allée.

Le père et la mère croient avoir été tous deux le jouet d'une hallucination. Le lendemain matin ils se rendent au cimetière et montrent leur autorisation d'exhumation au gardien. Celui-ci lève les bras au ciel et s'écrie :

« Mes pauvres gens, comment espérez-vous retrouver ici le corps de votre enfant ? Voyez ces milliers de tombes ? Laquelle est la sienne ! Plus des trois quarts n'ont même pas de nom. C'est une recherche impossible.

« Notre enfant est un soldat français », balbutie la mère angoissée.

« Mais, ma pauvre dame, il n'y a que des soldats français ici, sauf un américain et un russe, enterrés tout là-haut. »

Et le gardien montre l'extrémité lointaine de l'immense champ de repos où se pressent les croix de bois.

« Un soldat américain et un soldat russe ! s'écrie la mère qui tremble en songeant à sa vision de la veille, courons-y. »

Ils y courent en effet. La tombe américaine et la tombe russe sont facilement retrouvées et, exactement entre elles deux, les pauvres gens découvrent celle de leur enfant.

Je tiens l'anecdote d'une personne dont l'honorabilité est indiscutable et je n'ai aucune raison de ne pas croire à son authenticité. Mais alors dans quelle section du mystérieux placer un tel fait ? Qui l'expliquera ?

Pour ma part, je ne suis pas éloigné de croire que tous les phénomènes auxquels se rattachent les pressentiments, les prédictions d'avenir, les superstitions, voire même l'extension de la science graphologique vers la divination ont tous une source unique, qui doit être le cerveau humain. Et c'est par là que la science de demain doit -diriger ses recherches...

Le cerveau, siège de la sensibilité, commande toutes nos actions, conscientes ou inconscientes, comme tous les gestes de notre carcasse. Il commande, à mon avis, jusqu'à la structure de notre main, et c'est si vrai, que les signes qui y sont inscrits ne sont pas immuables et qu'une très grande volonté — indiquée au surplus dans la main droite — peut parfois modifier le cours de la destinée. Le cerveau commande l'écriture. Les signes que trace la main ne sont qu'un réflexe du cerveau et c'est très probablement certaines ondes rayonnantes émises par notre cerveau que capte la voyante, jouant dans l'affaire le rôle de récepteur. Qui nous prouve même que l'assemblage des cartes, dans un paquet manié par l'intéressé, loin d'être dû uniquement au hasard, comme on le croit communément, n'est pas commandé par le cerveau qui agit sur leur succession sans qu'on puisse s'en rendre compte. Ceci expliquerait que malgré la valeur conventionnelle donnée à chaque carte, on puisse y trouver une indication sur l'avenir puisque finalement la lecture des cartes ne serait que la lecture du subconscient.

Ce sont là problèmes qui m'ont depuis longtemps passionné. J'attends de la science qu'elle nous explique le merveilleux. Très fermement je crois que l'époque n'est plus éloignée où tant de choses qui nous paraissent encore incompréhensibles. seront éclaircies. L'étude des phénomènes physiques et de ce que nous appelons encore le mystérieux fera partie des sciences normales, au même titre que la médecine, la physique ou l'astronomie.

Quand je vois des pianistes arriver à produire une gymnastique abracadabrante grâce à une application au travail et une virtuosité sans égale, je crois qu'on parviendra aussi à la virtuosité dans le domaine de la prédiction de l'avenir. Cela ne veut pas dire qu'il n'y aura jamais d'erreur. Ne voyons-nous pas tous les jours des médecins se tromper dans leurs diagnostics et soigner pour l'appendicite un malade qui a des calculs du foie...

L'erreur n'en sera pas moins l'exception, comme elle l'est en matière médicale et la vie n'en sera tout de même plus possible, car nul ne pourra plus rien cacher. Le mensonge qui est une bien laide chose, mais qui est utile à l'équilibre des sociétés, comme l'enseignent certains philosophes audacieux, sera banni de cette terre, et notre oncle, décidé à nous déshériter, ne pourra plus nous cacher ses noires intentions tout en se laissant dorloter. Les maris ne pourront plus tromper leurs femmes, pas plus d'ailleurs que les femmes ne pourront tromper leurs maris. Tout l'imprévu, toute la fantaisie qui donnaient du charme à l'existence s'en iront au pays des vieilles lunes.

Nous vivrons dans la plus détestable des maisons de verre et ce sera la fin de notre civilisation raffinée, si soigneusement bâtie sur l'hypocrisie. Vraiment, je vous le dis, la vie sera impossible.

Il y a au haut du visage de tout être humain un petit mur, qui s'appelle l'os frontal, derrière lequel il se passe toujours quelque chose d'impénétrable pour les autres.

C'est là que nous gardons jalousement ce qui nous est le plus cher. C'est là que se tient notre jardin secret.

N'abattons pas ce mur. Savoir ce qui nous arrivera demain ne vaut pas la perte de l'inviolabilité de la personnalité.

Et plutôt que de disserter plus longtemps sur cette diminution nouvelle du bonheur humain, que nous devrons une fois de plus au progrès infernal des sciences, je préfère revenir sur la terre, c'est-à-dire reprendre le sujet qui fait le fond de ce livre.

Ici, je dois cependant une confession à mes lecteurs. Croiraient-ils qu'avant de me décider à écrire ce livre j'ai longtemps balancé entre deux moyens qui s'offraient à moi de leur présenter les considérations économiques, sociales, politiques, humaines et les leçons d'expérience qui en sont la substance. J'avais en effet le choix entre le roman et la forme directe, la fiction et la réalité. C'est à la forme directe, à la réalité, à la vie prise sur le vif que je me suis finalement rallié.

Le roman eût été, nécessairement, mi-économique, mi-sentimental. Il m'eût fallu choisir un héros, le faire vivre et le faire parler à ma place, il m'eût fallu créer toute une trame, enchaîner des faits, trouver un dénouement. Je ne cacherai pas que je fus un peu effrayé quand j'eus mesuré le grand effort à accomplir, n'ayant jamais employé la forme romanesque pour énoncer mes idées ou noter mes observations.

Ayant fait le livre que voici, on me permettra cependant de dire ce qu'eût été le livre que je n'ai pas fait.

Voilà comment je comprenais le roman, dont une partie eût été tout de même empruntée à la vie réelle et remplie des mêmes anecdotes vécues qu'on a lues dans les chapitres précédents.

C'eût été l'histoire de M. D... qui était, il y a trente ans, à la tête d'une grande fabrique de soieries à Lyon.

Ses associés l'envoient un jour en Amérique pour y étudier le marché des soies. M. D... passe plusieurs mois dans ce pays où le progrès est souverain et où la machinerie à outrance règne sur la vie économique et sociale. Il revient en France enthousiasmé par ce qu'il a vu et le cerveau plein d'idées nouvelles sur les méthodes de travail.

A l'occasion de son retour, une réunion du Conseil d'Administration de sa Société a lieu. Ses associés, essentiellement conservateurs, sont épouvantés par son plan de transformation des coutumes de l'usine et par ses conceptions nouvelles pour eux. Ils refusent ses propositions.

M. D... réunit alors ses ouvriers et leur soumet son projet. Ses propositions sont particulièrement avantageuses : les machines anciennes seront remplacées par des machines nouvelles à grand rendement, les heures de travail seront diminuées, les salaires seront augmentés.

Séduits par la parole enflammée de leur patron, les ouvriers acceptent de tenter l'expérience, mais au moment même où l'usine allait commencer de travailler sur les bases nouvelles, les ouvriers se mettent en grève et ruinent en partie l'audacieux M. D...

Furieux de la conduite de son personnel, il décide de quitter Lyon et de retourner en Amérique.

Là, il crée successivement plusieurs usines modèles, pourvues d'un outillage puissant et merveilleusement aménagées. Lavabos, salles de bains, cercle, bibliothèque, golf complètent l'organisation sociale de l'affaire. Le patron est enchanté de ses ouvriers, les ouvriers sont ravis de leur patron. La prospérité couronne son effort.

En quelques années, la production de ses entreprises égale, en métrage, celle de toutes les usines de Lyon réunies. Mais il convient de dire que M. D... ne fabrique pas de soies brochées, mais seulement des soies unies dont la vente est courante.

Toute cette partie de mon roman est essentiellement véridique. Entrons maintenant dans la fiction.

En quittant Lyon, M. D... a laissé dans cette ville son vieux comptable, veuf, malade, et sa fille jeune encore. Une fois guéri, le comptable va rejoindre son patron en Amérique et laisse sa fille dans une pension de famille.

Quelques années se passent. Le comptable meurt d'un accident d'automobile, et en mourant supplie son patron d'être le tuteur de sa fille, ce qui lui est accordé.

Arrive 1914. Le coup de tonnerre de la guerre. M. D... a un fils qui a vingt-huit ans, et qui est son bras droit. Ce jeune homme, étant Français d'origine, n'écoute que son devoir. Il veut combattre pour la France. Son père l'autorise à traverser l'Atlantique.

C'est à partir de ce moment qu'apparaît la partie économique du livre, sous la forme de réflexions que fait le jeune Américain sur tout ce qui l'entoure et le désappointe pendant son séjour dans notre pays. A travers les lettres qu'il adresse à son père apparaît la critique de notre conception des affaires.

A peine débarqué en France, ce jeune homme, en effet — appelons-le André — qui n'a vu jusqu'alors sa patrie d'origine qu'à travers l'admiration que son père lui a inculquée pour ce splendide pays, va de déceptions en déceptions. C'est qu'il observe, non en touriste épris de la grâce des paysages, mais en Américain pratique habitué à la vie intense et méthodique.

Tout de suite, le port où il débarque l'étonne par l'excès de son laisser-aller, son manque d'ordre, son absence d'organisation, son défaut d'outillage de déchargement rapide, ses complications administratives. Débardeurs et matelots crient, s'agitent inutilement, mènent un vacarme infernal, et la besogne n'avance pas. C'est le contraire de ce qu'il a toujours vu dans les ports anglo-saxons. Pas le moindre perfectionnement, aucun désir d'économiser la main-d'œuvre n'est réalisé. Il prend un train et le fonctionnement des chemins de fer lui montre des défauts identiques ; la rivalité des Compagnies le surprend, et le défaut d'harmonie entre les différents services lui semble une monstruosité. De ce premier contact avec la France le jeune homme souffre, car il se sent Français de cœur, et le charme ou la splendeur des paysages qu'il traverse l'émeut profondément.

La richesse et la fertilité d'une terre si vieille sur laquelle tant de générations ont peiné, lui cause une réelle et joyeuse surprise. Ici ce sont de grasses prairies vertes qu'il traverse, où paissent de splendides troupeaux de bœufs et de vaches, où galopent de jeunes chevaux fringants ; là, ce sont, à perte de vue, des champs et des champs de blé, dont les épis mûrs ondulent sous la douce brise comme de longues vagues d'or ; ailleurs ce sont des vignes, étagées sur les coteaux, qui montrent au milieu de leurs feuilles épaisses d'énormes grappes noires ou blondes, et des vergers dont les arbres ploient sous le poids des fruits veloutés. Ailleurs encore, ce sont de superbes forêts où il entrevoit, espacés comme si une main savante en avait distribué l'harmonie, des chênes énormes, des hêtres gigantesques, des ormes touffus, des bouleaux clairs et frissonnants, parmi lesquels glisse parfois un furtif chevreuil. Ainsi en une vision rapide, derrière la vitre du train qui l'emporte, la France agreste, la douce France au sol généreux lui apparaît, et les conversations de son père lui reviennent à la mémoire. Il comprend mieux le ton caressant que celui-ci prenait pour lui parler du bon pain blanc si tendre et si parfumé qu'il mangeait dans sa jeunesse, de la délicatesse des viandes cuisinées « à la française », des vins aux bouquets innombrables qu'il dégustait avec fierté, et aussi des reposantes promenades qu'il faisait dans les sites les plus aimables.

Mais aux charmantes visions de nos paisibles campagnes, succède un désenchantement. Notre jeune André est arrivé à Paris. Son nom, le souvenir de son père lui ont ouvert toutes grandes les portes de personnages illustres ou considérables dans l'État ou la Société.

Avec les uns et les autres, il a les conversations les plus sérieuses. Hommes politiques, écrivains, financiers, économistes s'attachent à le renseigner sur l'exacte situation de la France, sur ce qui s'y fait et ce qui ne s'y fait pas, sur la grande nation qu'elle est et la plus grande nation qu'elle devrait être.

Comme il expose à l'un de ses éminents interlocuteurs le plaisir profond que lui a causé la vue de véritables mers de beau blé mûr, en traversant les plaines de la Beauce, celui-ci a un amer sourire et lui dit :

— Il est certain, jeune homme, que les blés que vous avez pu voir, que les seigles et les orges qui se succédaient dans les champs voisins, devaient être de superbes céréales. Mais si belles que vous aient semblé nos récoltes, elles sont loin d'être ce qu'elles devraient être, si nos paysans étaient plus soucieux des progrès agricoles.

— Vos cultures, cependant, m'ont semblé aussi parfaites que possible.

— Erreur, jeune homme ! Nous retardons en France dans le domaine de la culture comme en tant d'autres, malheureusement. Notre négligence à suivre les lois du progrès, nos procédés désuets exercent leur néfaste influence dans des domaines beaucoup moins nouveaux que celui de la houille blanche. Croiriez-vous que les paysans français cultivent encore leur champ comme leur père le cultivait sous Philippe-Auguste ? La science de l'agriculture est mal connue en France et il faut que notre sol soit d'une exceptionnelle qualité, pour se reconstituer toujours de lui-même et réparer automatiquement, chaque année, les pertes que lui font subir des siècles de végétation. La charrue à traction animale reste l'instrument presque unanimement utilisé et la charrue automobile est une exception. A peine commence-t-on à voir quelques tracteurs dans les grandes exploitations.

N'est-il pas anormal et navrant que nous soyons obligés, tous les ans, d'acheter à l'étranger les 15 à 30 millions de quintaux de blé qui nous manquent, quand il suffirait d'appliquer les méthodes modernes de culture intensive pour produire plus que nous ne consommons.

Il est insensé qu'en France, avec une terre de qualité supérieure, on ne produise que 1.380 kilos de blé à l'hectare, quand en Allemagne, avec une terre beaucoup moins bonne, la production atteint 1.920 kilos à l'hectare. Et il n'y a pas que le blé dont la culture soit insuffisante : à l'hectare toujours, nous récoltons 1.430 kilos de seigle, l'Allemagne 1.850 kilos ; 1.430 kilos d'orge, l'Allemagne 2.190 kilos ; 1.260 kilos d'avoine, l'Allemagne 1.940 kilos. S'agit-il de pommes de terre, nous en trouvons chez nous 7.240 kilos à l'hectare et en Allemagne 10.350 kilos. La production anglaise, hollandaise, belge, suédoise, norvégienne et danoise de ces mêmes denrées est très voisine de la production allemande, par conséquent supérieure à la nôtre de 1/5, 1/4 et dans certains cas d'un tiers.

Ce n'est point que le paysan français se donne moins de mal que les paysans des autres pays ;

c'est simplement parce que les méthodes scientifiques d'exploitation agricole sont appliquées partout, de façon générale, tandis que chez nous, elles ne le sont qu'exceptionnellement et dans de rares grandes entreprises. Simple preuve : la France n'utilise annuellement que pour 210 millions d'engrais chimiques alors que l'Allemagne en consomme pour 500 millions !

Le résultat lamentable de ce manqué de compréhension de nos véritables intérêts est que notre production agricole qui pourrait atteindre 25 milliards par an, ne dépasse pas 19 milliards. Nous perdons bénévolement de 5 à 6 milliards chaque année. En avons-nous le droit ?

Un autre lui parle alors du charbon et lui dit que l'écart entre notre consommation et notre production atteint de 20 à 25 millions de tonnes, que nous sommes obligés d'acheter à l'étranger alors que nous pourrions augmenter sensiblement notre production par une exploitation plus intensive et plus moderne de nos bassins existants, et que nous pourrions, à l'exemple des Allemands, tirer parti de nos charbons schisteux que nous n'utilisons pas.

— Il y a quelque chose de pis, même, lui dit-on, et notre indolence est singulièrement coupable, car nous ne recherchons même pas à vérifier les indications qui nous ont été fournies au sujet des nouveaux gisements de charbon découverts en Moselle et en Normandie. Dans cette dernière province même, nous avons laissé les Allemands prendre des concessions et ouvrir des puits notamment à Saint-Jean-de-Daye (Manche) où la houille se trouve à 400 mètres de profondeur seulement, c'est-à-dire dans des conditions qui rendent son extraction meilleur marché que partout ailleurs.

— Est-ce la conséquence, s'inquiète le jeune André, d'un défaut de tempérament national ? Est-ce que l'État ne montre pas un intérêt suffisant au développement des grandes entreprises privées ? Est-ce en raison d'une organisation financière défectueuse, inapte à favoriser l'industrie et le commerce ?

— Il y a un peu de tout cela réuni, lui répond-on. Le Français est essentiellement créateur mais il n'a jamais su tirer parti de ses découvertes. L'État n'apporte pas de direction, pas d'intervention, pas de contrôle, pas d'appui suffisant aux initiatives privées, même quand elles sont susceptibles de se traduire par une augmentation de la richesse nationale, et, par ailleurs, les banques françaises n'avancent pas de fonds aux entreprises industrielles comme cela se fait en Allemagne et en Amérique.

— Ce n'est cependant pas, lui dit un autre, que les richesses naturelles à mettre en valeur manquent en France. Ainsi, nous possédons la source d'énergie la plus féconde et la plus puissante, en quantité plus grande que tout le reste de l'Europe, sauf la Suède et la Norvège, et, malheureusement, nous commençons à peine à l'utiliser. C'est la houille blanche, la neige de nos innombrables glaciers qui, en fondant sous l'action du soleil, forme des milliers et des milliers de cascades et de torrents, alimente rivières et fleuves et promène sur toute la surface du pays des forces prodigieuses qu'il n'y a qu'à capter pour les besoins de l'industrie.

Si la houille blanche était utilisée en France, notre production nationale charbonnière serait supérieure à nos besoins et nous ne serions plus sur ce point tributaires des autres pays. On a calculé en effet que, tandis que la Grande-Bretagne ne possédait qu'un million de chevaux-vapeur de houille blanche et l'Allemagne un million et demi, la France en avait plus de neuf millions, rien qu'en force naturelle et dix-huit millions en régularisant le cours des principaux fleuves et rivières par des travaux appropriés. Et cette force prodigieuse est éternelle et inépuisable et elle peut travailler jour et nuit toute seule !

La houille blanche qui actionne une turbine, devient par l'entremise de la dynamo, l'électricité. Dès lors, c'est tout à la fois, la force, la lumière et la chaleur mises presque pour rien à la disposition de l'industrie qui peut décupler sa production. C'est le développement énorme de l'électro-métallurgie, qui permet la fusion des minerais et des métaux, et c'est aussi celui de l'électro-chimie, cette science magique qui permet la décomposition des corps et leur transformation instantanée. Pourquoi la France n'a-t-elle pas encore compris qu'elle pouvait avoir la première industrie électrique de l'Europe, rien qu'en utilisant ses formidables ressources en houille blanche ?

— Tout cela est vrai évidemment puisque vous me le dites, réplique alors le jeune André, mais si la France agricole et industrielle ne s'est pas encore modernisée, je ne puis croire qu'elle ne s'y décide bientôt à l'exemple même de ses ennemis. Il ne manque point de domaines où elle occupe la première place et sans prétendre à l'occuper dans tous, elle est assez riche en cerveaux de premier ordre et en bonnes volontés pour étonner l'univers par la rapidité de sa transformation si elle le veut.

— Nos supériorités ! déclare alors avec un peu trop d'amertume, certes, un autre personnage considérable, parlons-en ! Que nous reste-t-il ? Nos vins : champagnes, bourgognes, bordeaux, crûs de Touraine, qui sont incontestablement les meilleurs du monde et qui représentent réellement une grande industrie nationale. Nos robes, nos chapeaux que créent nos merveilleuses petites fées parisiennes ; nos bibelots d'art, nos articles de luxe, auxquels seuls sur la terre, nos artisans savent donner le cachet, l'élégance et le fini qui les caractérise, et encore notre cuisine si raffinée, si délicate que tous les puissants de ce monde, tous les rois par la naissance ou par l'argent, tous les Palaces même ont des cuisiniers français !... Certes ces supériorités ne nous sont ni contestées, ni disputées et nul ne nous les enlèvera jamais, mais elles ne représentent que d'infimes tranches de notre expansion commerciale et elles ne peuvent suffire à compenser notre désavantage dans les autres parties de l'activité économique.

D'autres lui font d'amères critiques de nos institutions, de nos mœurs même... Ce langage est si différent du véritable hymne d'amour pour la France qu'il a sans cesse entendu dans la bouche de son père, qu'André doute, non de la sincérité de pensée des hommes éminents qui le tiennent, mais de la justesse de leur jugement.

« Il y a dans tout cela, se dit-il, de l'injustice et de l'exagération : je jugerai par moi-même. »

Résolu à voyager par toute la France, il part l'âme profondément attristée. Il va du Nord au Midi, de l'Est à l'Ouest, de la rude terre charbonneuse des Flandres aux rives enchanteresses, baignées de soleil, de la Méditerranée ; des sombres forêts des Vosges et des pics neigeux des Alpes aux côtes sauvages de la Bretagne ; et au fur et à mesure qu'il voyage, sa tristesse s'évanouit, son âme se dilate. Le charme de la vie française le prend tout entier, la facilité de l'existence l'exalte, la beauté et la diversité des paysages le pénètrent et lui font comprendre pourquoi les Français sont avant tout des créateurs de beauté. Dans une lettre qu'il adresse à son père, il résume alors toutes ses impressions, disant :

« Mon cher père, je connais maintenant la France. Tu m'en avais dit tant de bien que je l'aimais déjà de tout mon cœur en quittant l'Amérique. Ici, des savants, des personnages illustres, dans leur désir de la voir plus riche, plus forte, mieux outillée économiquement, m'en avaient fait un tableau si sombre que j'en étais désespéré. Père, j'ai sillonné ses routes magnifiques, j'ai visité ses villes, j'ai admiré ses monuments, j'ai respiré son air si doux, j'ai vécu avec ses paysans et ses ouvriers, et je te crie que nulle part la nature et les hommes ne se sont unis pour composer un ensemble d'une plus puissante et plus rare séduction. Chaque contrée, chaque coin a sa beauté particulière, son âme propre et je ne saurais dire si je préfère les enchantements de ces côtes méditerranéennes où les flots d'azur caressent des montagnes de fleurs inondées de soleil, au charme mélancolique et rude de l'Armorique, où le souvenir de la fée Viviane et mille belles légendes revivent dans les landes constellées de genêts d'or ; je ne sais si j'aime mieux les splendeurs des massifs alpestres que le mystère des sombres vallées vosgiennes ; je ne sais si je préfère le triomphant soleil de la Provence, au ciel mouillé, aux prairies fécondes de la Normandie. Mais ce que j'aime partout c'est le Français, le travailleur, le paysan de France, l'ouvrier Français, dont le visage heureux, le constant sourire aimable et indulgent sont uniques au monde et disent la joie inconsciente qu'a chacun d'être sous ce ciel si doux, et d'y vivre de cette vie facile et légère qui est la grâce même de la plus généreuse nature.

« Tout ici est propre à charmer les yeux et à offrir à l'esprit cet enchantement que donne la contemplation des belles choses, car le détail en France est toujours en harmonie avec la beauté de l'ensemble et ceci pour moi est un perpétuel enchantement

Que de merveilles, ô père ! semées au gré de leur fantaisie, par des générations artistes, sur la vieille terre gauloise : cathédrales romanes ou gothiques, forteresses féodales, châteaux de la Renaissance, beffrois, abbayes, cloîtres antiques, logis pleins de souvenirs, surgissent de toutes parts avec une étonnante et magnifique abondance.

« Mais c'est en automobile, en suivant au flanc des coteaux le caprice des routes que j'ai le mieux compris le charme secret de ce pays incomparable. Que de fleurs délicates au parfum discret, j'ai découvertes ainsi dans ce jardin de bonheur qu'est la France. C'est une source claire qui chante au creux d'un rocher et s'épanche en bondissant parmi les bruyères roses d'une vallée limousine ou vendéenne ; c'est un bois de chênes, tout or et vert, qui semble sommeiller entre deux collines du pays de Caux ; c'est une forêt de sapins, mystérieuse et paisible qui monte comme une douce caresse jusqu'au faîte d'un mont lorrain ; c'est une bourgade ensoleillée du Périgord, un vieux village accroché sur un rocher des Maures ou de l'Esterel, un vallon de l'Ile-de-France aux lignes douces et émouvantes comme un aveu d'amour. Beauté rustique, grâce heureuse, simplicité exquise se rencontre ainsi à chaque pas. Ces mille et ces mille coins de la terre française ne sont point inscrits au livre des splendeurs classées et, alors, au plaisir qu'on goûte à les admirer, s'ajoute la joie de les avoir découvertes, et l'on en garde dans le secret du cœur l'image précieuse, vivante et toujours aimée.

« Et dans ce cadre, il y a, comme je te le disais, père, l'homme de France, l'enfant de ce sol pétri de beauté et de civilisation raffinée. Il suffit de vivre à ses côtés pour l'admirer et pour l'aimer. La diversité des climats et des races qui se sont mêlées pour former le peuple français, a entraîné une extraordinaire variété de types, d'occupations, de genres de vie, de dialectes même, et le spectacle infiniment changeant de l'existence humaine de la frontière espagnole à la frontière belge, constitue pour le voyageur attentif, un autre motif de s'émerveiller. La façon dont l'homme s'est adapté aux conditions que la nature lui imposait, le parti qu'il a su tirer des ressources de la terre donne un puissant intérêt au plus humble village.

« J'ai souvent questionné des paysans et des ouvriers en tâchant d'oublier mes goûts, mes habitudes de pensée, mes souvenirs américains, et en tâchant de comprendre leurs goûts à eux, et leurs habitudes. Que de sympathie dans ces conversations et que de simplicité ! Que d'heureuses surprises pour moi ! Il n'y a pas de meilleure manière de savoir pourquoi les Français aiment la France et de mesurer combien ils l'aiment.

« La Beauce est plate ; ce n'est qu'une vaste plaine où le blé pousse en abondance. En interrogeant des Beaucerons j'ai compris pourquoi ils ne concevaient pas d'horizons plus beaux que ceux des épis d'or, se confondant avec la ligne d'azur du ciel. J'ai compris à Lens pourquoi le mineur aimait sa mine ;

pourquoi le Breton arraché à sa lande et à ses rochers s'attriste, pourquoi, le tisseur lyonnais est
attaché à son métier ; j'ai compris pourquoi le Provençal vivant au milieu d'un printemps éternel,
n'a ni besoins ni ambitions et se contente de ce que
la nature fait à profusion pousser autour de lui.

« J'ai compris aussi pourquoi la France entière
ne peut pas être un pays de production intense
comme l'Amérique. La France est essentiellement
un pays de petite propriété. L'immense majorité
des paysans, y vit sur des terres qui leur appartiennent, et nulle part au monde, la fortune n'est
plus divisée. Mais précisément parce que chacun
possède, tout le monde est heureux ; rares sont ceux
qui désirent posséder davantage. Le Français à la vie
si facile, que même dans les centres ouvriers, il se
montre satisfait de son sort. Facilement épris des
séductions éclatantes ou cachées au milieu desquelles
il vit, il tient à son repos, à ses promenades, à ses
distractions d'art, et les préfère à la vie intense qu'on
mène dans les pays anglo-saxons. Il faut vivre
avec lui pour comprendre cet état d'esprit et qu'il
n'en peut avoir d'autre. C'est son luxe, c'est sa
sagesse et je t'avoue, père, que je me rallie entièrement à cette conception depuis que j'en ai pénétré
les raisons profondes. Une chose encore m'a vivement frappé en France et m'attache davantage
à ce pays. J'ai beaucoup voyagé à travers l'univers,
j'ai fréquenté les milieux les plus divers et j'ai vécu
dans bien des capitales, nulle part je n'ai rencontré

de société plus agréable, plus cultivée et nulle part
je n'ai pu, comme à Paris, me trouver constamment
en relations avec des savants, des intellectuels,
des gens de toutes conditions, qui mieux que partout
ailleurs connaissent les questions dont ils parlent
et qui en parlent de façon plus agréable et plus intéressante. Ici il n'y a pas d'ignorants ; l'élégance
de l'esprit est un don naturel qu'on rencontre partout, même chez les petites gens, même dans les
classes les plus pauvres. Un ouvrier, un paysan
saura toujours, pour s'exprimer, trouver le mot qui
peint, qui fait image, qui parle avec clarté à l'esprit
et je reste ébloui de voir, du haut en bas de l'échelle
sociale, une si véritable supériorité intellectuelle.

« La France est un pur joyau, où tout m'attire
et me retient, et je n'hésiterai pas, père, à m'y fixer
pour toujours. Pays d'agriculteurs et d'artistes, la
France ne cherche pas autre chose que le bonheur
paisible, sans ambition démesurée : son destin est
d'être l'éducatrice du monde et c'est à cela que je
reconnais en elle ma véritable patrie. »

Dès lors, le roman que j'aurais fait s'achève en
roman sentimental. André vivra en France comme
il l'a décidé avec celle qu'il aura choisie, et celle-ci
n'est autre que la fille de l'ancien comptable de son
père. Mais je n'insisterai pas davantage sur ce dénouement facile à prévoir. Un roman sentimental a d'obligatoires banalités. Qu'il suffise au lecteur de savoir
qu'il aurait fini par un mariage.

# IX

La force et la fortune d'un pays dépendent avant tout de la quantité et de la qualité des habitants. Ce qui est vrai pour les métropoles l'est aussi pour les colonies. Une colonie sans population suffisante, ou peuplée par une race sauvage encore ne représente aucune force et n'est la source d'aucune richesse pour la nation colonisatrice. C'est tout le contraire quand il s'agit d'une colonie aux villes nombreuses et à la population active comme l'Algérie ou la Cochinchine.

A ce titre, les colonies anglaises et les anciennes colonies, devenues des Dominions, sont admirables : les Indes, l'Égypte, constituent de véritables grandes nations dont l'activité autant que la production et les échanges, concourent à la suprématie économique de la métropole. Il est facile de comprendre, en effet, que plus le nombre de leurs habitants est considérable et plus ceux-ci ont besoin de tout ce qui s'achète, se vend et se consomme dans les pays civilisés, plus le mouvement commercial y est important, qu'il s'agisse d'exportations ou d'importations.

J'ai montré, précédemment, qu'un grand pays comme la France devait être considéré, dirigé et administré comme une grande maison de commerce. Or une maison de commerce est essentiellement une affaire dont tous les rouages, tous les efforts tendent vers un but unique : la prospérité. Or, la prospérité d'une nation moderne n'est possible que si elle est basée sur sa santé morale et physique. Ce qui revient à dire qu'elle a comme facteur naturel et essentiel l'augmentation progressive des éléments sains de sa population. Est-ce donc là la condition dans laquelle se trouve la France ? Hélas ! non. Deux facteurs, deux maux, les deux maux qui conduisent le plus sûrement un grand pays à sa perte, entravent son essor et paralysent l'effort, cependant courageux et méritoire, de ses éléments sains. Ce sont l'alcoolisme et la dépopulation.

J'aime trop mon pays et je tiens trop à la grandeur de son avenir pour n'en pas parler. C'est un chapitre douloureux. Mais puisque j'ai choisi ce titre : « Faisons Fortune », et que j'ai développé cette idée que la fortune générale d'un pays était la somme des fortunes particulières que chaque citoyen bien organisé tente de réaliser ou d'accroître par ses moyens personnels, je suis bien obligé de constater que les deux forces mauvaises, l'alcoolisme et la dépopulation, enlèvent à la nation le bénéfice du travail de ses meilleurs enfants. Ce qui s'acquiert d'un côté se perd de l'autre, et déjà, la perte annuelle dépasse le gain.

Je n'aurai pas la primeur du cri d'alarme. D'autres avant moi ont crié : « casse-cou », vainement. Les exemples, les chiffres que je veux donner ne sont probablement pas nouveaux. On les connaît et le lecteur dira peut-être : « Je sais tout cela ». C'est entendu, mais à toujours taper sur le même clou on finit par l'enfoncer et je prie tout de même ceux qui n'ont pas encore adopté la triste devise de Louis XV : « Après moi le déluge », de les relire encore, ces chiffres, de s'en imprégner, de les méditer, de les propager et de travailler sans découragement à lutter contre les deux fléaux qui ravagent la France.

J'en parle ici d'autant plus volontiers que, personnellement, j'ai été moi-même influencé par un excellent article contre l'alcoolisme, paru il y a une quinzaine d'années dans une grande revue parisienne. Cet article, d'une documentation irréfutable, d'une logique absolue, s'appuyait sur des statistiques qui furent pour moi une révélation.

Je fus si profondément impressionné par ce qu'il m'apprenait que je résolus immédiatement d'aider de toutes mes forces à combattre ce mal national. J'appris, à ce même moment, que le député Schmidt était de ceux qui menaient le plus ardemment le bon combat contre l'alcoolisme. Avec son précieux concours, j'ai fondé alors une ligue anti-alcoolique que nous appelâmes « L'Alarme » et je lui en ai confié la direction. La présidence de cette ligue a été continuée, par la suite, par le regretté Jean Finot.

Il est malaisé de se rendre compte des résultats acquis. Je crois cependant pouvoir dire que la suppression de l'absinthe a été, en partie, l'une des conséquences directes de nos efforts. Ce résultat, à lui seul, suffit à remplir de joie ceux qui comme moi, ont la conviction que l'avenir de la race est lié à la lutte contre l'alcool.

La suppression de l'absinthe est un grand bienfait. Mais comme c'est loin d'être suffisant ! Que de méfaits restent à la charge de l'alcool sous toutes ses autres formes ! Que de poisons nouveaux, dissimulés sous d'autres noms, sont venus remplacer la pernicieuse « fée verte » et prendre la suite redoutable des crimes dont elle est responsable !

On sait, car on l'a dit mille et mille fois, que la dégénérescence, la phtisie, la folie, la tuberculose, l'augmentation de la mortalité, sont les filles hideuses de l'alcoolisme. Il y a effectivement une corrélation directe entre le nombre de décès et la consommation de l'alcool. Ainsi le Calvados, la Seine-Inférieure, l'Eure, la Somme, le Nord et les départements bretons qui ont le triste privilège d'être ceux où l'on consomme le plus d'alcool sont aussi ceux où l'on meurt le plus.

On a vu pendant la guerre, en Bretagne, des villages où 40 % des conscrits devaient être réformés par les conseils de révision. Navrantes victimes de l'alcoolisme de leurs parents, ce n'étaient plus que d'inutiles déchets humains. Ce sont ceux-là, hélas ! qui sont restés pour perpétuer la race !

Le docteur Jacquet, médecin de l'hôpital Saint-Antoine, a établi une statistique de laquelle il résulte que les alcooliques remplissent pour plus de moitié nos asiles d'aliénés et presque en totalité nos prisons.

Mais puisque nous parlons statistique en voici une qui résume toute la question et dont la douloureuse éloquence supprime tout commentaire :

On estime que l'alcoolisme a fait perdre à la France depuis 1871, un peu plus de 100 milliards de francs.

La mortalité, uniquement due à la consommation de l'alcool, a coûté en moyenne 200.000 vies humaines par an, depuis cette date, soit environ 9 millions de Français de moins.

La déchéance morale qu'il entraîne fait passer devant les tribunaux correctionnels, pour crimes et délits de toute nature, 72 à 80 % d'alcooliques.

L'alcool est un facteur essentiel de la propagation de la tuberculose : 95.000 à 100.000 tuberculeux d'origine alcoolique meurent en France chaque année.

Le rendement du travail français est, par suite de l'alcoolisme, sensiblement inférieur au travail allemand. Ce n'est pas un mince facteur dans le problème de la concurrence économique.

De son côté, M. Louis Barthou, alors ministre de la Justice, dans un rapport sur l'alcoolisme, a consigné ces chiffres : sur 100 parricides, on trouve 31 alcooliques ; sur 100 meurtriers 29,1 ; sur 100 assassins, 19 ; sur 100 individus poursuivis pour viols ou attentats à la pudeur, 33 ; sur 100 individus poursuivis pour coups et blessures, 38,5.

Est-il besoin d'ajouter une ligne à ce tableau ?

Et la France est le pays du vin, du bon vin naturel et sain, qui donne la gaieté et stimule l'esprit, quand on le boit sans excès. Car, chose curieuse, le vin se présente en France comme l'ennemi naturel de l'alcool.

L'alcool règne en maître dans les départements où la vigne ne pousse pas, c'est-à-dire où la boisson courante est le cidre ou la bière. Partout où le vin est roi, en Bourgogne, dans le Bordelais, dans le Midi, dans le Centre, en Touraine, en Anjou, dans la vallée du Rhône, l'alcoolisme n'exerce ses ravages que dans les villes et parmi les populations ouvrières. Sans y échapper totalement, puisque malheureusement les paysans ont pris la funeste habitude de faire distiller le marc du raisin, les campagnes n'y sont pas ravagées comme au Nord de la Loire et dans l'Ouest de la France.

Sans se présenter absolument comme le remède souverain, le vin consommé modérément n'offre pas de graves inconvénients pour la santé publique et si ses prix pouvaient être diminués de telle sorte que le pays entier puisse en faire sa boisson exclusive, nous verrions l'alcoolisme diminuer dans des proportions intéressantes. Lutter contre l'alcool, en tous cas, deviendrait plus facile.

Mais si l'on peut à juste titre considérer le vin comme un palliatif à l'alcool-poison, il y a un moyen beaucoup plus intéressant pour l'activité nationale de lutter contre l'alcoolisme. Nous y réussirons le jour où nous serons conquis en France à la conception allemande de l'alcool.

Que personne ne fronce le sourcil. Nous avons, malheureusement, dans trop de domaines, beaucoup à apprendre des Allemands, et il n'y a rien de plus sot au monde que de condamner une expérience, une opinion, une conception, parce qu'elles sont des vérités courantes de l'autre côté du Rhin. Ne faisons point du nationalisme contre nous-mêmes ; ne restons pas en extase devant nos défauts parce qu'ils sont les nôtres, et ne rejetons pas une idée sensée et pratique parce qu'elle est germanique. Les étrangers ont tiré, de tout temps, grand profit de nos idées : à l'occasion sachons leur rendre la pareille.

Chez nous le mot alcool ne veut guère dire autre chose qu' « apéritif » et « petit verre ». C'est imbécile et c'est criminel.

Pour les Allemands le mot alcool veut dire « matière première transformable en éclairage, force ou chauffage ». L'alcool français c'est le poison de « l'assommoir ». L'alcool allemand, c'est le bienfaiteur de l'industrie moderne. Chez nous il ravage l'organisme et tue la race. Chez eux il alimente les machines, aide à créer des produits nouveaux, et fabrique de la richesse.

Dites-moi de quel côté est la supériorité ?

Je ne veux pas faire ici un cours de chimie industrielle. Que de produits allemands, cependant, ne doivent leur supériorité qu'à la connaissance qu'ont les chimistes d'outre-Rhin des multiples emplois industriels de l'alcool ! Il y a les vernis ; certaines matières colorantes inconnues de nos fabricants comme l'acétonaphtaline, la pluorine, la phénetrine ; quantité d'explosifs utiles aux exploitations minières ; les collodiums ; le celluloïd ; la soie artificielle ; d'innombrables produits pharmaceutiques ; des vinaigres ; des alcaloïdes ; des parfums ; des savons ; des tannins ; des éthers, etc., etc.

Ce n'est pas qu'en France on ne fabrique aucun de ces produits, mais la production n'est pas ce qu'elle devrait être.

L'alcool en Allemagne est couramment employé pour l'éclairage sous la forme carburée, c'est-à-dire additionné de benzone de houille, ou par le procédé qui le transforme en vapeur. Son utilisation est courante pour le chauffage et j'étonnerai sans doute bien des gens en disant qu'il en est consommé entre 500.000 et 600.000 hectolitres sur des réchauds. Enfin, comme force motrice, il actionne un nombre inimaginable de moteurs à explosion. On ne se doute pas du nombre de cultivateurs bavarois, prussiens ou silésiens qui ont remplacé leurs locomobiles à vapeur par des locomobiles à alcool.

Et cela se comprend par un simple calcul : en mille heures de travail une locomobile à vapeur dépense, frais d'amortissement compris : 3.574 fr. 25. Une locomobile à alcool ne dépense que 2.484 fr. 45.

Ai-je besoin de dire que les locomobiles à alcool en France se comptent comme des exceptions.

D'où vient donc que l'Allemagne consomme un million d'hectolitres d'alcool industriel de plus que la France. Examiner ceci, c'est saisir sur le vif la différence de méthode qui caractérise les deux pays.

Notre bureaucratie, trop formaliste, trop paperassière, trop cantonnée dans sa mission fiscale, a, en cette affaire, sa part de responsabilité. Chez nous l'alcool de bouche, l'alcool-poison est frappé de droits de consommation, d'entrée et d'octroi. Mais l'alcool industriel, déchargé en principe de toute taxe, échappe si peu aux tracasseries d'une régie soucieuse avant tout de faire rentrer l'impôt, que sa circulation et son utilisation sont rendues pratiquement difficiles. Et c'est si vrai que l'alcool destiné à notre industrie de la parfumerie paye des droits complets et n'a jamais réussi à s'en libérer. Pour échapper à ces ennuis quotidiens, une grande Société française de soie artificielle qui consomme 7.000 litres d'alcool par jour a préféré aller s'installer en Allemagne. N'est-ce pas lamentable ? En Allemagne l'usinier est déchargé de tous les impôts frappant l'alcool industriel. L'alcool destiné au chauffage, à l'éclairage et à la force motrice circule librement et bénéficie même des tarifs de chemins de fer les plus réduits.

Je ne veux pas entrer plus avant dans les détails des règlements qui favorisent, en Allemagne, l'utilisation de l'alcool industriel et en font un véritable carburant national à la portée de tous. Chez nous, nous n'en sommes qu'à la période préparatoire et, s'il faut louer l'effort chimique récent, qui a consisté à créer aussi un carburant national en mélangeant l'alcool à l'essence, aucune solution pratique ne sera possible tant qu'une modification radicale des méthodes administratives ne sera pas réalisée.

Ai-je besoin de dire, en passant, combien je condamne le privilège des bouilleurs de crû, autorisant la production de deux litres d'alcool par chaque membre de la famille, sans avoir à acquitter aucun impôt. Il n'y a pas de plus funeste prime au développement de l'alcoolisme.

Et pourtant le jour où nous voudrions dériver la production de notre alcool du cabaret vers l'usine, un grand pas serait fait dans la lutte nécessaire contre l'alcoolisme.

Si on le voulait bien, ce ne serait qu'une équation fiscale à résoudre. La solution tiendrait tout entière dans cette formule : frapper très fortement l'alcool de bouche et dégrever l'alcool industriel de telle sorte qu'il puisse être vendu à un prix insignifiant. Ce que le fisc perdrait d'un côté, il le retrouverait de l'autre.

L'alcoolisme conditionnant en grande partie le problème de la dépopulation, ce serait, du même coup, ce second fléau à demi conjuré.

Mais nous n'en sommes pas là, malheureusement, et remédier aux vides qui croissent périodiquement dans la population française, demeure l'action immédiatement indispensable. Les moyens ne manquent pas. Il en est un qui paraît plus facilement réalisable que tout autre ; c'est l'immigration. Je puis dire, sans fausse modestie, que j'ai donné l'exemple au début de l'année 1922.

Ému d'une part par l'immense misère russe, née de la révolution bolchevique, et sans cesse angoissé par la lecture des tables de natalité française, j'ai fait venir à mes frais une centaine d'enfants russes, réfugiés aux frontières de l'ancien empire des Tsars.

J'atteignais ainsi un doublé but : d'une part, je sauvais d'innocentes victimes de la misère la plus noire et peut-être de la mort ; d'autre part, je donnais à mon pays des bras jeunes et vigoureux qui ne demandaient qu'à travailler et à se dévouer à l'agriculture. Tous, en effet, ont été placés chez des paysans. Ils ont connu dès lors la vie saine, la bonne nourriture et ils ont pleinement répondu à ce qu'on attendait d'eux. De plus c'était jeter dans l'âme inquiète de la Russie un germe de reconnaissance pour la France. C'était lui dire que l'alliée ne l'avait pas oubliée dans sa détresse et c'était préparer l'avenir politique.

On ne sauve pas la France avec cent enfants, me direz-vous. Nous sommes pleinement d'accord. Ce n'était donc en réalité qu'une expérience et, comme toute expérience, elle pouvait être heureuse ou malheureuse. Il m'est aujourd'hui permis de dire, non sans une certaine fierté, qu'elle a si parfaitement réussi qu'elle a séduit, depuis, les milieux officiels eux-mêmes, outillés assez puissamment pour lui faire rendre sa pleine utilité. Ainsi, M. Gilly, président des maires de France, a pu organiser avec le concours et l'appui des ministères intéressés, un comité ayant pour but de faire venir des enfants en aussi grand nombre que possible pour combler les vides que la dépopulation fait dans nos campagnes. D'autres organisations ont depuis poursuivi le même but.

La lettre-circulaire que M. Gilly a adressée, au nom de notre comité, à tous les intéressés, constitue un document que j'ai le devoir de reproduire ici, car il pose, en un admirable raccourci, le problème de la dépopulation française et montre avec force que l'immigration en constitue actuellement, et tant que la famille française se bornera à deux, un ou pas du tout d'enfants, le seul remède. La voici :

« Pendant la guerre le sol de la France s'est couvert de croix de bois.

« Aux pieds de ces croix de bois sont poussés drus les lauriers de la Victoire.

« Mais à quoi auront servi ces lauriers de la Victoire si la paix les laisse mourir, flétris faute d'âmes pour les aimer et de bras pour les cultiver ?

« Et c'est bien à voir ces rameaux fanés retomber inertes sur son sein douloureux que notre grande et belle Patrie semble condamnée, si tous ses enfants sans exception ne montrent pas à créer, à procréer, à donner la vie, un courage civique égal au courage guerrier qui fut le leur, à l'admiration éternelle du monde entier.

« Notre pays ne verra jamais plus grand danger que celui que lui fait courir, vertigineux, le manque de natalité, la dépopulation.

« Quelques chiffres illustreront nos craintes. Combien triste est leur éloquence.

« La population française représentait par rapport à la population totale de l'Europe :

| En l'an 1600 | 50 % |
|---|---|
| — — 1700 | 40 % |
| — — 1800 | 25 % |
| — — 1900 | 8 % |
| — — 1922 | ? |

« Le nombre des naissances pour 10 mariages était :

| Sous François I<sup>er</sup> de | 68 |
|---|---|
| Sous Henri IV de | 58 |
| Pendant la période prospère du règne de Louis XIV | 54 |
| A la fin du règne | 50 |
| A la veille de la Révolution | 42 |
| Au début du xix<sup>e</sup> siècle | 37 |
| En 1914 | 25 |
| En 1922 | ? |

« Les statistiques qui viennent d'être publiées indiquent que la natalité dans les trois premiers trimestres de 1922 est d'environ 9 % inférieure à la natalité dans la période correspondante de l'année 1921.

« L'*Almanach de la Gazette du Village* à laquelle nous avons emprunté les chiffres ci-dessus, nous apprend encore que :

« La classe 1934 sera en Allemagne de *UN million d'hommes*. En France de 150.000 *hommes*.

« La classe 1938 sera en Allemagne de *UN million deux cent mille hommes*. En France de 120.000 *hommes*.

« Et encore l'auteur comptait-il sur un nombre moyen de naissances égal au nombre moyen de 1920-21. Que donneraient ses calculs avec la dépression de 9 % constatée en 1922 et celle que nous réservent les années suivantes !

« Ce que nous réservent les années suivantes ?

« Quelques baptêmes c'est entendu.

« Mais combien de morts, victimes à échéance, de la phtisie implacable et des gaz criminels.

« Combien de morts ajoutées aux victimes du fer laisseront-elles de seins stériles ?

« Le docteur Jacques Bertillon, dans l'*Almanach du Blé*, nous donne l'excédent des naissances sur les décès en France et dans quelques pays voisins durant les dix dernières années avant 1914.

« Lisez bien :

| | |
|---|---|
| France | 331.943 |
| Espagne | 1.824.293 |
| Italie | 3.839.899 |
| Autriche-Hongrie | 5.316.327 |
| Allemagne | 8.483.623 |

« C'est-à-dire que l'Allemagne dont la superficie est de 540.815 km. carrés a, chaque année, un excédent de naissances sur les décès de 848.362 individus, alors que la France, qui a une superficie de 536.408 km. carrés, ne peut enregistrer qu'un excédent de 33.194 individus,

« Le bénéfice allemand est de 25,5 plus grand que le gain de la France à *territoire égal.*

« Il est tragique pour nous de relire la *Vossische Zeitung* du 6 février 1919 :

« Lorsque la France aura fêté sa trompeuse victoire, rien ne pourra plus voiler la décrépitude irrésistible de la vitalité française. Nous avons subi une terrible défaite, mais nous avons avec nous des forces naturelles de la Vie... »

« Quels remèdes peut-on apporter à cette situation désolante ?

« Relever la natalité.

« Abaisser la mortalité infantile.

« Accepter l'immigration.

« Le relèvement de la natalité et le sauvetage de la première enfance ont leurs apôtres. Leur champ est vaste et leur tâche ardue ; leur volonté et leur ténacité nous permettent d'attendre tous les succès.

« Mais malheureusement, il faut « attendre » leurs succès. Et attendre combien ? Vingt ans au moins.

« Or, c'est *immédiatement*, demain sinon aujourd'hui, qu'il faut repeupler nos campagnes, accroître la production agricole, seule « créatrice de fortune » pour éviter l'agonie de la France ; c'est demain sinon aujourd'hui, qu'il faut construire de nouveaux foyers, infuser à la France, lui transfuser un sang nouveau pour assurer son relèvement, son retour à la santé et à la vigueur, conditions substantielles de la paix du monde.

« Ce sang nouveau nous pouvons l'obtenir de l'immigration. »

M. Adrien Gilly a raison. L'immigration, c'est-à-dire la régénération de la France appauvrie par l'apport d'éléments nouveaux et vigoureux, venus d'au-delà des frontières, je l'ai préconisée depuis trop longtemps pour ne pas applaudir des deux mains à toute initiative qui fasse de cette idée une réalisation.

Il suffit de parcourir notre pays, surtout en automobile, pour constater qu'il n'y a pas d'autre salut, si nous ne voulons pas disparaître. Il n'est pas rare en effet de faire des dizaines de kilomètres sans rencontrer un chat sur la route. Les agglomérations rurales sont très éloignées les unes des autres, rares sont les enfants trottant dans les rues. Ce spectacle, perpétuellement répété, finit par devenir pénible. On comprend vite qu'on voyage dans l'anormal. Mais l'impression pénible tourne à l'angoisse si par hasard on revient d'Allemagne ou d'Italie : le souvenir des villes rapprochées les unes des autres, des villages surpeuplés, presque soudés ensemble, des nuées d'enfants grouillant dans les cours ou encombrant les routes, obsède malgré soi la pensée. Le contraste est trop violent.

Je me souviens d'avoir, il n'y a pas bien long-temps, traversé l'Auvergne. Quelle désolation ! J'y ai vu des villages entiers, si vides d'habitants, qu'ils paraissaient abandonnés ; des maisons, en quantité, montraient leurs carreaux cassés, leurs toits crevés, ou leurs murs aux trois quarts écroulés. Un tragique silence régnait sur ces tristes campagnes, au point de donner l'illusion de la mort, et des terres en friche révélaient la plus affligeante pauvreté.

On veut bien reconnaître que la France est susceptible de s'assimiler annuellement de 100 à 200.000 étrangers. Ayons le courage d'accepter cette solution, et n'écoutons pas ces esprits chagrins et bornés qui lèvent les bras au ciel et crient à la catas-trophe, dès qu'on leur parle de la nécessité de l'immi-gration, de son organisation rationnelle, et des facilités à donner aux étrangers pour les transformer rapide-ment en Français.

Aussi ceux qui aiment vraiment leur pays doivent-ils lutter de toute leurs forces contre l'esprit natio-naliste et l'esprit syndicaliste, ces deux facteurs aveugles qui constituent en France le principal obstacle à la mise à exécution du seul projet pratique, dont la réalisation peut nous sauver de la déchéance nationale et de la ruine économique.

Et qu'on ne vienne pas me dire que la venue en France de cent ou deux cent mille étrangers par an mettrait en péril l'esprit et le génie de la race. C'est un grand sociologue, Edmond Demolins, qui a écrit cette formule, jugée audacieuse en son temps :

« La route crée la race ». Toute sa théorie tendait à prouver que la première vertu du terroir était de modifier l'espèce. En deux ou trois générations, n'importe quel étranger transplanté en Auvergne, en Provence ou en Picardie devient un excellent Auvergnat, Provençal ou Picard. Et c'est si vrai que non seulement les êtres, mais les choses subissent cette loi. N'a-t-on pas reconstitué avec du plant américain des vignobles français complètement ravagés par le phylloxéra ? Le vin, médiocre dans les premières années, n'a-t-il pas retrouvé peu à peu, la plupart des qualités du vin produit par les vignes disparues. La terre de France n'a-t-elle pas fini par donner, avec des vignes américaines, du bon vin de France ?

D'ailleurs, qu'on regarde l'Histoire. Les Normands venus au ix<sup>e</sup> siècle, les Francs, les Germains, les Sarrasins, les Espagnols, qui se sont implantés sur notre sol au cours des siècles ne sont-ils pas devenus des Français comme tous les autres, et leur génie particulier ne s'est-il pas fondu dans le génie national ?

Mais allez donc convaincre nationalistes étroits et syndicalistes rigoureux. Pour les premiers tout est perdu si des étrangers s'installent et vivent sur le sol français ; pour les seconds la crainte de la concurrence et du bon marché de la main-d'œuvre, leur fait considérer tout étranger comme un voleur de leur pain quotidien.

Périsse la France plutôt qu'un principe !

En effet, s'il est impossible de réduire ces deux égoïsmes, mathématiquement, la France est condamnée à disparaître. C'est une simple question de temps.

Une telle querelle est funeste au pays. Aussi est-ce à la législation de l'immigration qu'il appartient de dire le dernier mot.

Il ne s'agit pas d'accepter n'importe qui, n'importe comment. De rigoureuses commissions médicales devront veiller à écarter les tuberculeux, les alcooliques, les dégénérés, tous ceux qui peuvent ne faire souche que d'éléments malsains ou indésirables. Au contraire, elles devront accepter les individus les plus robustes, les plus sains, physiquement, moralement et intellectuellement, et les individus appartenant aux races les plus prolifiques.

L'œuvre du législateur complètera l'œuvre des commissions médicales. Il serait nécessaire, en effet, que tout immigré ait l'existence facilitée pendant ses premières années de séjour, soit en lui procurant du travail, soit par l'exonération des impôts, de manière qu'il se plaise dans son pays d'adoption et qu'il devienne Français de cœur avant même d'être légalement citoyen. Selon une loi constante, à la seconde génération sa descendance sera si complètement française que rien apparemment ne décèlera son origine étrangère.

Ces nouveaux venus, bien traités, considérés, heureux, constitueront une réclame vivante pour ceux qui seraient tentés de venir vivre en France, et ils joueront d'eux-mêmes le rôle de pompe aspirante vis-à-vis des membres de leur famille et des habitants de leurs lieux d'origine.

En quelques années, la natalité se relèverait et notre pays retrouverait une partie de ses forces perdues.

Si nous persistons en France à ne pas lutter plus énergiquement contre l'alcoolisme et à ne pas organiser méthodiquement l'immigration, malheur à nous.

L'Allemagne trouvera en ces deux fléaux, l'alcoolisme et la dépopulation, les deux puissants auxiliaires qui l'aideront à réaliser son rêve d'anéantissement complet de notre indépendance. Nos législateurs ne font rien pour lutter contre eux, peut-être parce qu'ils n'y peuvent rien. En France, la population, dans sa totalité, ne fait rien non plus qui permette au législateur de lui faciliter l'œuvre nécessaire du relèvement.

Heureux et satisfait de l'existence agréable dont il jouit dans le plus beau pays du monde, le peuple français consent à travailler avec toute l'ardeur qu'exigent les circonstances présentes, mais n'entend pas se voir priver de ses avantages, de ses prérogatives, de ses plaisirs, de ses commodités.

Avec le même aveuglement que les syndicats ouvriers, hostiles à la création d'apprentis, il se fait le fossoyeur de son propre avenir, en ne voulant pas d'enfants dont l'élevage et l'éducation, par les frais qu'ils entraînent, le priveraient du confortable auquel il est habitué.

Le bourgeois ne veut qu'un fils unique parce qu'il rêve pour lui des grandes écoles et qu'il est effrayé des sommes à dépenser pour en faire un ingénieur, un avocat ou un médecin ; s'il a une fille, il veut qu'elle soit seule, car il n'entend pas qu'elle travaille et tient à ne pas diminuer la dot qui permettra de la « marier convenablement ».

L'ouvrier dit qu'il est logé trop à l'étroit dans les villes pour avoir une nombreuse famille et que d'ailleurs les propriétaires ne veulent pas louer à ceux qui ont beaucoup d'enfants, en raison des dégâts qu'ils font aux immeubles. Il y a trop de vrai, malheureusement, en ce dernier argument.

Restent les paysans. Ceux-ci pourraient donner le bon exemple et se montrer prolifiques. Ils n'y consentent point davantage parce qu'ils ne veulent pas que leur ferme ou leur petit coin de terre soit morcelé à leur mort. Bref, chacun a son prétexte et n'en démord pas.

Du côté des paysans il y aurait peut-être cependant quelque chose à faire. Peut-être suffirait-il de modifier les lois sur les successions, de telle sorte que l'aîné seul hériterait de la totalité des biens. C'est la loi anglaise ; c'est même l'ancienne loi française qui a facilité l'expatriation de tant d'audacieux cadets et permis la création de ce superbe empire colonial, dont le Canada et les Indes étaient les plus beaux fleurons, et que Louis XV perdit.

Mais allez donc parler en France d'un retour au droit d'aînesse. Que deviendrait le principe d'égalité ?

Il ne me déplairait cependant pas de voir édicter quelques terribles supplices chinois pour triompher du mortel mathusianisme. Mais je ne me fais aucune illusion, je ne verrai pas cela.

Je me tiendrais d'ailleurs pour satisfait, si les Français pouvaient et voulaient bien regarder en avant, à la manière de Dieu, et considérer ce que sera notre pays dans 30 ou 50 ans. Ils seraient tellement épouvantés, qu'ils consentiraient sans doute à se conformer à toute législation dont le but unique serait l'augmentation coûte que coûte de la population. Mais faudra-t-il, une fois pour toutes, une nouvelle révolution ou une complète évolution de nos lois pour arriver à modifier, du tout au tout, la mentalité nationale en matière d'alcoolisme et de dépopulation, et voir se réaliser le changement radical que je désire pour le plus grand intérêt de mon pays.

Je ne tiens pas du tout à une révolution, car toute révolution politique me fait peur. Son résultat le plus certain est le bouleversement social, bon ou mauvais, sans qu'on ait la certitude d'assister à la réalisation de l'amélioration cherchée. Or toute révolution qui aboutit à une déception est une faute.

A ce propos, je voudrais raconter ici pour finir ces pages, une conversation que j'ai eue avec le plus délicat styliste que la France ait produit depuis Renan, le maître Anatole France.

C'était environ un an après l'armistice. L'époque était particulièrement trouble. Le monde ouvrier était sourdement travaillé par des influences qui n'ont jamais été bien démêlées ; des grèves importantes se préparaient ; le mot même de révolution était prononcé un peu partout, le communisme, qui avait encore gardé sa figure mystique, semblait menaçant, et la bourgeoisie inquiète, essayait de deviner l'avenir.

L'illustre écrivain habitait depuis quelques jours à l'hôtel Powers, en face l'église Saint-Roch. Accoudé à sa fenêtre, il regardait anxieusement dehors et ne cessait de me dire :

— Ne voyez-vous pas que les autobus et les tramways s'arrêtent. C'est la grève générale ; demain nous aurons la révolution.

— Ce n'est pas du tout mon avis, lui répliquai-je. S'il est historiquement vrai que les révolutions sont faites par les minorités, il faudrait tout de même pour que celle que vous croyez en marche réussisse, que le mécontentement fût général. Or, il n'en est rien. Il ne faut d'ailleurs pas perdre de vue qu'il y a en ce pays 55 % de paysans, 15 % environ d'ouvriers et 30 % de bourgeois, de commerçants, de fonctionnaires, d'intellectuels et d'artistes.

« Le paysan est loin d'être mécontent. Il vit avec aisance sur la terre dont il est propriétaire, il a gagné beaucoup d'argent pendant la guerre et son unique désir est de voir tout cela continuer.

« Le bourgeois n'est peut-être pas aussi satisfait : ses ressources n'ont pas toujours augmenté en proportion de ses charges, et sa vie n'est plus aussi facile qu'avant la guerre, mais il est patient, il sait s'assimiler, et il attend l'amélioration de son sort du tassement des événements et de l'évolution des lois économiques.

« Reste l'ouvrier, c'est-à-dire 15 % de la totalité de la population. Sur ce chiffre, la moitié, soit 7 % au minimum, travaille pour le commerce de luxe. Or, tous les ouvriers de cette catégorie ont parfaitement conscience que leur existence est intimement liée à la richesse générale et que toute action tendant à troubler ou à diminuer cette richesse leur serait néfaste.

« Le reliquat — 7 à 8 % — représente les ouvriers de la grande industrie et des grandes entreprises. C'est dans ce milieu que se recrutent les révolutionnaires et les communistes. Nous arrivons donc ainsi à une bien petite proportion de citoyens désirant, avec plus ou moins de conviction, le bouleversement de l'ordre social actuellement établi chez nous.

« Admettons même — ce que je ne crois pas — que cette proportion atteigne 5 %. De quel droit, et comment, cette petite quantité d'hommes, répartis en groupes plus ou moins importants, aux quatre coins de la France, imposerait-elle une révolution à un peuple qui, dans la proportion de 95 %, non seulement ne la désire pas, mais s'organiserait probablement pour la combattre ?

« Oui, sans doute, vous me direz qu'une petite minorité déterminée, embrigadée et mise en mouvemenl par des chefs décidés, peut réussir à se rendre maîtresse des destinées d'un peuple. C'est ainsi que se sont faites toutes les révolutions passées. D'abord, rien n'est plus parfaitement inique et injuste, puisque dans ce cas, les États les plus heureux seraient toujours à la merci d'une minorité audacieuse et sans scrupules. Ensuite, il ne faut pas oublier qu'aujourd'hui, plus que jamais, une révolution ne peut se faire sans le concours de l'armée, et l'armée, c'est la nation, c'est-à-dire 95 % d'adversaires de cette même révolution.

« Je ne soutiendrai pas que « tout est pour le mieux dans la meilleure des Républiques », comme eût dit Leibnitz. Il est facile de critiquer l'imperfection de nos lois et la vétusté de notre organisation politique, éeonomique et sociale. Il est même possible que la République meure de sa belle mort si elle ne sait pas s'adapter aux nécessités modernes, sociales, nationales, et même internationales. Mais ceci est l'affaire de nos ministres et de nos législateurs. « Gouverner, c'est prévoir », a dit un illustre ministre du grand siècle. Il appartient à nos hommes d'État de prévoir l'avenir et de corriger les erreurs passées. Rien ne nous dit qu'ils n'y réussiront pas. Mettons cependant les choses au pire. Admettons pour un instant qu'une révolution éclate et réussisse. Croyez-vous vraiment, mon cher maître, que les agitateurs populaires qui prendront la direction du mouvement et se substitueront, dans l'administration de l'État, aux bourgeois d'aujourd'hui, seraient capables de

former un gouvernement parfait et de diriger avec
autorité les affaires publiques ?

« En quoi ont-ils été préparés au gouvernement des
peuples ? Quelle est leur expérience de ces grands
problèmes qui s'appellent la production, la fiscalité,
l'administration générale, les rapports internationaux d'État à État, etc., etc. ? Feraient-ils vraiment
mieux que les bourgeois ?

« Quant à transplanter chez nous l'expérience
communiste russe, qui donc y songe ? On ne gouverne
pas au moyen de la fièvre chaude !

« Tous ceux qui ont la claire vision de l'équilibre
des sociétés modernes ont compris, dès le premier
jour, que la mise en pratique de l'admirable formule
chrétienne : « Tous pour l'État, l'État pour tous »,
était une folle utopie. Tout ne marche-t-il pas à peu
près parfaitement par le double jeu des qualités
et des défauts des individus et des collectivités :
la vanité, l'ambition, l'émulation, l'intérêt... Pour
que le communisme intégral ne fût pas un mot vide
de sens, il faudrait que les peuples poussent l'al-
truisme généreux jusqu'à l'abnégation.

« Une des formes de cet altruisme-là, la bonté
poussée à l'extrême, le peuple russe la possédait
avant la révolution. Le paysan russe partageait avec
simplicité ce qu'il possédait, avec celui qui ne possédait rien. La révolution communiste l'a bien changé,
le peuple russe ! Je n'en veux pour preuve que cette
scène navrante qu'un de mes amis m'a racontée
au retour d'un voyage en Russie.

« On ne voyage pas comme on veut dans le pays des Soviets : on sait quelquefois quand on part ; on sait rarement quand on arrive. Mon ami resta trois jours en chemin de fer. Malheureusement pour lui il avait pris son train sans s'être muni de provisions de bouche : ni pain, ni viande, ni boissons. Les différentes classes n'existant plus dans les wagons russes, un petit paysan muni d'un sac qui paraissait assez lourd et un bourgeois assez bien habillé, montèrent ensemble dans son compartiment et s'assirent en face de lui. Au bout de quelques verstes la conversation s'engageait et bientôt, le bourgeois confiait à mon ami qu'il n'avait pas mangé depuis 24 heures, qu'il aurait été bien heureux de pouvoir acheter un peu de nourriture, mais qu'il n'avait rien pu obtenir en échange de roubles. Mon ami lui répondit qu'il ne pouvait que compatir à sa situation, puisqu'il n'avait lui-même rien à manger.

« A ce moment, le petit paysan ouvrit son sac, qui était rempli de victuailles, et se mit à déjeuner sous les regards remplis de convoitise des deux voyageurs, mais sans leur offrir le moindre morceau de pain. Pendant les trois jours que dura le voyage, il en fut ainsi. Mon ami et le bourgeois russe connurent, en mourant littéralement de faim, toute l'horreur du supplice de Tantale. Ni les offres d'argent, ni les prières, ni les supplications, ni même les coups des deux voyageurs exaspérés, n'eurent raison de son égoïsme féroce, et jamais il ne voulut distraire de son sac la moindre miette en faveur des deux malheureux. On n'imagine rien de plus cruel.

« La révolution russe, maître, s'est faite aux cris de : « A bas les bourgeois ! A bas les intellectuels ! » et vous connaissez certainement quelques-uns de ces pauvres écrivains qui ont été chassés de leur patrie, sans un sou. Comme ils ne connaissaient aucun métier, ils n'ont aucune possibilité de gagner leur vie à l'étranger. Leur misère est profonde. Pour ma part elle me navre, car je ne sais rien de plus douloureux que l'intelligence réduite à la mendicité. Les bourgeois d'ici connaissent tous vos tendances révolutionnaires. Vous n'en jouissez pas moins de l'estime générale et les bourgeois sont les premiers à proclamer l'admiration qu'ils ont pour vos œuvres. Ils vous considèrent comme un des leurs, et vous ne pouvez pas leur faire le reproche de n'être pas bons pour vous.

« Croyez-vous que si les révolutionnaires étaient les maîtres et que vous eussiez des tendances bourgeoises, vous seriez traité par eux avec la même affectueuse admiration ? »

Là-dessus je me tus. J'avais dit tout ce que je croyais devoir dire. Je constatai aussitôt que mon petit discours avait jeté un froid au milieu de cette assemblée où tout le monde semblait si parfaitement d'accord. Anatole France paraissait soucieux et nerveux. Cependant il ne crut pas devoir pousser plus avant la discussion.

Puis l'heure de partir arriva. Je pris congé du maître qui me reconduisit jusqu'à la porte et me dit en me serrant la main :

— Vraiment, Rosenthal, je ne vous croyais pas aussi bourgeois.

— Mais, répliquai-je, ne pensez-vous pas, maître, qu'il existe un milieu raisonnable entre l'État bourgeois et le communisme ?

Cette fois encore, Anatole France éluda la discussion, mais il sourit de ce fin sourire qui lui est si particulier et, de ce ton où l'on ne sait jamais si l'ironie l'emporte sur le sérieux, il me dit :

— Vous, Léonard, vous êtes un vrai Gascon.

Au fait, c'est peut-être vrai. Je suis né dans le Caucase : c'est un Midi comme un autre.

# TABLE DES MATIÈRES

ABBEVILLE. — IMPRIMERIE F. PAILLART

# Choix d'Ouvrages

PAYOT & C<sup>ie</sup>, 106, BOULEVARD SAINT-GERMAIN, PARIS-VI<sup>e</sup>

## MAURICE DELAFOSSE
Ancien Gouverneur des Colonies - Professeur à l'Ecole Coloniale
et à l'Ecole des Langues orientales

# Les Noirs de l'Afrique

Un vol. relié avec 4 cartes . . . . . . . . . . 4 fr.

Dans dix chapitres, M. Delafosse examine comment s'est effectué le peuplement de l'Afrique subsaharienne, comment se sont constituées les premières sociétés noires et quelles influences extérieures ont agi sur leur évolution, comment se sont formés et développés les grands Etats soudanais aujourd'hui disparus, quelle est l'histoire des principales populations nègres depuis les origines jusqu'à nos jours, quelles sont aujourd'hui leurs civilisations matérielles, leurs coutumes sociales, leurs croyances et pratiques religieuses, leurs manifestations intellectuelles et artistiques. (*La Revue de l'Afrique du Nord.*)

## ALPHONSE SECHE

# Les Noirs
*Préface du Général MANGIN*

Un vol. in-16 . . . . . . . . . . . . . . . 5 fr.

C'est un tableau très vivant et très pittoresque de notre armée noire et de son rôle pendant la guerre. Fondé sur des documents officiels et sur des renseignements précis, puisés a bonne source, sur des croquis pris d'après nature, en même temps qu'il intéresse, qu'il amuse ou qu'il émeut, ce livre est une contribution, dont il faut tenir compte, à l'histoire militaire de l'époque présente. (*Le Correspondant.*)

## M. DUTRÈB

# Marchand
*Avec 2 cartes*

Un vol. in-16 . . . . . . . . . . . . . . . 7 fr. 50

J'aimerais à voir le livre de M. Dutrèb dans les bibliothèques des écoles et des corps de troupe, entre les mains de tous ceux qu'enchante notre grande épopée coloniale, de tous ceux, aussi, qui aiment l'action et la noblesse des sentiments. (*Journal des Coloniaux.*)

*Pour paraître prochainement :*
## FRANCK L. SCHOELL
Agrégé de l'Université
Ancien professeur à l'Université de Chicago

# La Question des Noirs aux Etats-Unis

PAYOT & C^ie, 106, Boulevard Saint-Germain, PARIS VI^e

ABEL LEFRANC, Professeur au Collège de France.

# Sous le masque de
# William Shakespeare

### WILLIAM STANLEY VI COMTE DE DERBY

Deux vol. in-16. Chacun . . . . . . . . . . . . . . . . . . 7 fr. 50

S'il est un volume qui ait eu dès le premier jour les honneurs de la contro-verse, c'est celui que M. Lefranc, professeur au Collège de France, a consacré à cette question. Le nom de l'auteur, sa haute compétence dans les choses litté-raires de la Renaissance, *le sujet lui-même, un des plus passionnants de l'his-toire des lettres,* tout concorde à attirer l'attention sur l'ouvrage qui nous est présenté.                                                 *(Revue Bleue.)*

FLORIS DELATTRE Professeur à l'Université de Lille.

# La Pensée de Newman

### EXTRAITS LES PLUS CARACTÉRISTIQUES DE SON ŒUVRE
### Avec une introduction, une bibliographie,
### un index et le texte anglais correspondant

Un vol. in-16 . . . . . . . . . . . . . . . . . . . . . . 7 fr. 50

L'originalité du recueil de M. Floris Delattre consiste à avoir réuni tous les principaux textes qui intéressent les diverses phases de la vie de la pensée de Newman. La juxtaposition, en note, du texte anglais est une heureuse innovation Il ne faut pas oublier en effet que Newman, théologien et philosophe, est en même temps l'un des plus purs modèles de la littérature anglaise.      *(Revue des Jeunes.)*

WALTER PATER

# La Renaissance

*Traduction française par F. ROGER-CORNAZ*

Un vol. in-16 . . . . . . . . . . . . . . . . . . . . . . 5 fr.

Entre les récents écrivains, Walter Pater est un de ceux qu'on a le plus admirés outre-Manche et que l'on connaît le moins en France. Un tel art, la grâce presque inanalysable d'une telle critique, il faut lire *a Renaissance* pour en goûter l'ensor-cellement... La traduction de M. F. Roger-Cornaz est si pure et si nette que l'ouvrage semble presque pensé en français.  EDMOND JALOUX. *(Revue de Paris )*

SIR SIDNEY LEE

# Shakespeare

### SA VIE ET SON ŒUVRE
*Edition française par FIRMIN ROZ*

Un vol. in-16 . . . . . . . . . . . . . . . . . . . . . . 7 fr. 50

En un seul volume de dimensions commodes, un érudit anglais très renseigné sur tout ce qui touche à Shakespeare a condensé à l'usage du public lettré une foule de recherches et de travaux , M. F. Roz a raison de dire que c'est un véri-table « manuel des études shakespeariennes ».                *(Le Correspondant)*

PAYOT & C<sup>ie</sup>, 106, Boulevard Saint-Germain, Paris-VI<sup>e</sup>

## H.-G. WELLS

# M. Britling commence à voir clair

Un vol. in-16 . . . . . . . . . . . . . . 6 fr.

Jamais le merveilleux talent du célèbre écrivain anglais ne s'est mieux affirmé que dans ce roman qui a fait sensation tant en Angleterre qu'en Amérique, et qui demeurera sans doute son chef-d'œuvre. *(La Revue Hebdomadaire.)*

*Du Même :*

# Dieu, l'invisible roi

*Traduction et Préface de M. BUTTS*

Un vol. in-16 . . . . . . . . . . . . . . 6 fr.

**Dieu, l'invisible roi,** nous offre la substance métaphysique de Wells ; nous y suivons l'évolution de sa pensée. Il y expose avec force sa conception de la vérité, ses croyances qui reposent sur une foi ferme en un Dieu personnel avec lequel il peut entrer en communion. *(La Revue des Deux Mondes.)*

*Du Même :*

# La Flamme immortelle

*Traduction de M. BUTTS*

Un vol. in-16 . . . . . . . . . . . . . . 6 fr.

C'est à tous les éducateurs que l'auteur anglais dédie son volume philosophique où il expose que l'humanité serait plus heureuse si on l'instruisait mieux. Ce n'est pas dans une vie future qu'il faut escompter le bonheur. C'est de lui-même, de sa flamme immortelle, que l'homme qui conçoit ce que pourrait être le bonheur humain doit le tirer par un effort commun. Et c'est en façonnant l'homme dans l'amour de ses semblables que les éducateurs pourront obtenir cette belle œuvre. *(La France de l'Ouest.)*

## ÉDOUARD GUYOT
### MAITRE DE CONFÉRENCES A L'UNIVERSITÉ DE RENNES

# H.-G. Wells

*(Ouvrage couronné par l'Académie Française)*

Un vol. in-16 gr. jés. sur pap. alfa . . . . . . . 12 fr.

Ce livre où M. Guyot résume, en presque toute son étendue, la pensée de Wells est une addition précieuse à la petite bibliothèque — trop petite encore — de ouvrages qui peuvent apporter à un Français d'aujourd'hui la pulsation véritable de l'humanité en travail. Vibrant, allègre, et pourtant si plein, ce livre se lit avec un vif plaisir ; il sera largement lu ; et tout esprit, qui n'est pas fermé aux inquiétudes fécondes, en sortira remué, instruit. Louis Cazamian.
Professeur à la Sorbonne.

PAYOT & C¹ᵉ, 106, BOULEVARD SAINT-GERMAIN, PARIS-VI°

**J. WILBOIS**
Ancien élève de l'Ecole Normale
Supérieure.

**P. VANUXEM**
Ancien élève de l'Ecole Polytechnique
Ingénieur des Manufactures de l'Etat

# Essai sur la conduite des affaires et la Direction des Hommes

**Une doctrine française : L'Administration expérimentale**
*Préface de M. Henri FAYOL*

Un vol. in-16. ... ... ... ... ... ... ... ... 5 fr.

---

**HERBERT N. CASSON**

# Les 16 Commandements de l'Homme d'Affaires

*Traduction de Géo LANGE – Préface de Édouard HERRIOT*

Un vol. in-16. ... ... ... ... ... ... ... ... 5 fr.

---

**C. BERTRAND THOMPSON**
Ancien Maître de Conférences à l'Université Harvard.
Ingénieur Conseil (Système Taylor-Thompson)
près des Ministères de l'Armement et de la Marine

# Le Système Taylor
## (Scientific management)

*Préface de M. Alexandre MILLERAND*

Un vol. in-16 avec 8 hors-texte ... ... ... ... ... 5 fr.

---

**WILLIAM JAMES**

# Causeries pédagogiques

*Traduit de l'anglais par .L-S. PIDOUX*
Avec une préface de M. JULES PAYOT, Recteur de l'Académie d'Aix
CINQUIÈME ÉDITION

Un vol. in-16.. ... ... ... ... ... ... ... ... 4 fr.

---

**LÉON GUILLET**
Professeur au Conservatoire National des Arts et Métiers
et à l'Ecole Centrale des Arts et Manufactures

# L'enseignement technique supérieur à l'après-guerre

*Préface de M. Henry LE CHATELIER, de l'Institut*

Un vol. in-16. ... ... ... ... ... ... ... ... 5 fr.

PAYOT & C<sup>ie</sup>, 106, BOULEVARD SAINT-GERMAIN, PARIS-VI°

## WILLIAM JAMES

# Aux Étudiants

## CAUSERIES

*Traduites par Henri MARTY*

**Préface d'ÉMILE BOUTROUX, de l'Académie française**

Un vol. in-12, broché .. ... ... ... ... ... ... **3 fr.**

Ces *Causeries* sont charmantes, animées par cette vie, ce don du pittoresque et de l'image concrète qui sont si remarquables, même dans les écrits purement philosophiques de William James.  (*Le Correspondant*).

## D<sup>r</sup> MAURICE BOIGEY

MÉDECIN-MAJOR DE 1<sup>re</sup> CLASSE — DOCTEUR ÈS-SCIENCES DE L'UNIVERSITÉ
MÉDECIN-CHEF DE L'ÉCOLE NORMALE D'ÉDUCATION PHYSIQUE DE JOINVILLE

# L'Élevage Humain

## Volume I. - Formation du Corps — Education Physique
In-16... ... ... ... ... ... ... **6 fr.**

## Volume II. - Réforme Intellectuelle — Réforme Morale
In-16... ... ... ... ... ... ... **3 fr.**

Cet ouvrage représente tout un programme de renaissance ; il pose et résout avec clairvoyance et sagesse plusieurs des problèmes angoissants de l'après-guerre. C'est un bon ouvrage, un ouvrage utile. Je l'ai lu avec grand plaisir et il m'a instruit.  D<sup>r</sup> DELORME. (*Bulletin de l'Académie de Médecine.*)

## I. EPSTEIN

# La Pensée et la Polyglossie

## Essai psychologique et didactique

Un vol. in-16 . ... ... ... ... ... ... ... ... **3 fr.**

*La Pensée et la Polyglossie* intéresse tout homme cultivé. Ce livre remarquable est un guide sûr, non seulement pour les professeurs et les éducateurs, mais aussi pour tous les intellectuels qui étudient les langues.

## HENRI ROORDA

# Le Pédagogue n'aime pas les enfants

Un vol. in-16 ... ... ... ... ... ... ... ... **3 fr.**

Une vive et excellente critique des disciplines scolaires de l'enseignement en général et des systèmes actuels d'éducation, par un professeur qui connaît le métier.  (*Revue de l'Enseignement primaire supérieur.*)

PAYOT & Cie 106, Boul. St-Germain, PARIS-VI[e]

# LYSIS

## Vers la Démocratie nouvelle

In-16 .. .. .. .. .. .. .. .. .. .. .. 5 fr.

## Pour renaître

In-16 .. .. .. .. .. .. 5 fr.

## L'Erreur française

In-16 .. .. .. .. .. .. .. .. .. 5 fr.

## Demain

In-16 .. .. 2 fr

---

Si un citoyen français a encore envie de dormir après avoir lu *Vers la Démocratie nouvelle*, c'est que la maladie du sommeil est chez lui incurable. **A. Aulard.**

Ces livres sont d'une lecture si claire qu'ils font autour d'une même lumière l'union des mentalités les plus différentes. *(L'Illustration.)*

Les conclusions du livre *Vers la Démocratie nouvelle* constitueront peut-être la charte démocratique de demain. *(New-York Herald.)*

*Pour renaître*, est un véritable hymne à la chimie et aux industries chimiques. *(Revue des Produits chimiques)*

PAYOT & C<sup>ie</sup>, 106, Boulevard Saint-Germain, PARIS-VI<sup>e</sup>

## Un livre important !

# LYSIS

# Politique et Finance d'avant-guerre

In-8 .. .. .. .. .. .. .. .. .. .. .. **25 fr.**

On peut dire qu'il est impossible de comprendre l'état actuel de la France, si l'on n'a pas lu ces pages où Lysis étudie toute notre politique économique, non seulement avec la vigueur d'analyse que nous sommes habitués à trouver chez cet auteur, mais avec une documentation absolument sûre. *(Chambre des Négociants.)*

Cet ouvrage est d'une documentation hautement historique, car il étudie toute l'évolution financière de l'avant-guerre, ainsi que les opérations qui ont entraîné à l'étranger tant de capitaux français.
*(Vie technique et industrielle.)*

Dans ces études de politique financière, écrites par Lysis avant la guerre, tous ceux qui se préoccupent ou s'occupent personnellement des affaires publiques trouveront une mine de renseignements précis, d'idées utiles, de jugements particulièrement instructifs en ce moment où la question financière domine toute la politique de la France. *(La vie Maritime.)*

Celui qui commencera la lecture de ce gros volume le trouvera trop court, tant ce qu'il renferme est important et passionnant. *(La Revue de l'Automobile.)*

## LES ÉDITIONS PAYOT & C<sup>ie</sup>, A PARIS
SONT EN VENTE DANS TOUTES LES BONNES LIBRAIRIES

PAYOT, 106, Boulevard Saint-Germain, PARIS-VIᵉ

## JOSEPH-BARTHÉLEMY
PROFESSEUR-ADJOINT A LA FACULTÉ DE DROIT DE PARIS — DÉPUTÉ DU GERS

# Le Gouvernement de la France
*Tableau des Institutions politiques, administratives
et judiciaires de la France contemporaine*

Un vol. in-16. . . . . . . . . . . . . . **5 fr.**

## GERMAIN MARTIN
CORRESPONDANT DE L'INSTITUT
PROFESSEUR A LA FACULTÉ DE DROIT DE L'UNIVERSITÉ DE PARIS

# Les problèmes du Crédit en France
Un vol. in-16. . . . . . . . . . . . . . **5 fr.**

## CHARLES RIST
PROFESSEUR A LA FACULTÉ DE DROIT DE L'UNIVERSITÉ DE PARIS

# Les Finances de Guerre
# de l'Allemagne
*(Ouvrage couronné par l'Académie des Sciences Morales
et Politiques)*

Un vol. in-8. . . . . . . . . . . . . . **15 fr.**

## GEORGES BONNET
COMMISSAIRE-ADJOINT DU GOUVERNEMENT AU CONSEIL D'ÉTAT
En collaboration avec ROGER AUBOIN

# Les Finances de la France
Un vol. in-16. . . . . . . . . . . . . . **7 fr. 50**

## R. CARNOT

# L'Étatisme Industriel
Un vol. in-16 . . . . . . . . . . . . . . **5 fr.**

## ADRIEN ARTAUD
DÉPUTÉ
PRÉSIDENT HONORAIRE DE LA CHAMBRE DE COMMERCE DE MARSEILLE

# Finances et bon sens
Un vol. in-16. . . . . . . . . . . . . . **6 fr.**

# BIBLIOTHÈQUE MINIATURE

**3 fr. 50 le volume relié satinette fantaisie**

Par son choix éclectique des meilleures poètes et des plus grands philosophes, la *BIBLIOTHEQUE MINIATURE* est faite pour plaire a tous les lecteurs, les plus lettrés et les plus raffinés.

## Quelques titres

APULÉE. — *Histoire de Psyché.*

*Aucassin et Nicolette.*

FRANÇOIS BACON. — *Pensées philosophiques et morales.*

BOSSUET. — *La vie morale.*

ANDRÉ CHÉNIER. — *Idylles.*

ÉPICURE. — *Pensées.*

DANTE. — *Vita Nova.*

HÉRACLITE D'ÉPHÈSE. — *Pensées philosophiques.*

LA BRUYÈRE. — *Caractères.*

*La Sagesse de* LA FONTAINE.

LA ROCHEFOUCAULD. — *Maximes.*

MARC-AURÈLE. — *Pensées.*

PASCAL. — *Pensées.*

PLATON. — *Pensées.*

PLUTARQUE. — *Morale.*

RONSARD. — *Poésies.*

SPINOZA. — *Pensées.*

VAUVENARGUES. — *Réflexions et maximes.*

VIRGILE. — *Les Bucoliques.*

PAYOT & Cie, 106, BOULEVARD SAINT-GERMAIN, PARIS-VIe

PAYOT, 106, boulevard Saint-Germain, PARIS

LÉONARD ROSENTHAL

## AU JARDIN DES GEMMES

Un vol. in-16 . . . . . . . . . . . . 7 fr. 50

Au jardin des gemmes est un ouvrage passionnant qui vous transporte dans les pays merveilleux où l'on trouve rubis, saphir et émeraudes à foison ; vous coudoyez — en le lisant — tous les gens qui possédèrent des bijoux célèbres ; vous découvrez mille choses curieuses et même comment faire fortune. *(Le Cri de Paris.)*

J.-G. GOULINAT

## LA TECHNIQUE DES PEINTRES

Un vol. in-16 . . . . . . . . . . . 7 fr. 50

Ce livre s'adresse à tous ceux qui aiment assez la peinture pour désirer connaître ce qu'est le peintre lui-même et les secrets techniques de son art. Une des parties les plus intéressantes de ce livre est celle où M. Goulinat aborde les procédés de quelques maîtres : Titien, le Tintoret, Rubens, Rembrandt, Watteau, David, Prud'hon, les Impressionnistes, etc... *(L'Eclair.)*

www.ingramcontent.com/pod-product-compliance
Lightning Source LLC
LaVergne TN
LVHW010925180726
843502LV00004B/875